工伤保险“码”上通

普法宣传手册

人力资源和社会保障部工伤保险司　编

中国劳动社会保障出版社

图书在版编目（CIP）数据

工伤保险“码”上通普法宣传手册/人力资源和社会保障部工伤保险司编. -- 北京：中国劳动社会保障出版社，2024

ISBN 978-7-5167-6452-7

Ⅰ.①工… Ⅱ.①人… Ⅲ.①工伤保险－条例－中国－通俗读物 Ⅳ.① D922.554

中国国家版本馆 CIP 数据核字（2024）第 076159 号

中国劳动社会保障出版社出版发行

（北京市惠新东街 1 号 邮政编码：100029）

*

保定市中画美凯印刷有限公司印刷装订 新华书店经销

787 毫米 × 1092 毫米 48 开本 2.875 印张 76 千字

2024 年 5 月第 1 版 2025 年 3 月第 4 次印刷

定价：12.00 元

营销中心电话：400-606-6496

出版社网址：http://www.class.com.cn

前　言

随着社会的不断进步和经济的持续发展，职业安全与健康问题日益受到社会各界的广泛关注。工伤保险作为社会保障体系的重要组成部分，对于维护职工工伤权益、分散用人单位工伤风险、促进社会稳定和谐具有不可替代的作用。

为了更好地普及工伤保险政策，便于广大职工群众充分掌握《工伤保险条例》的主要内容，依法维护自身合法权益，人力资源和社会保障部工伤保险司编写了《工伤保险“码”上通普法宣传手册》。本书逐条解读《工伤保险条例》，深刻阐释《工伤保险条例》要点释义，以案说法，同时附有视频二维码，支持读者扫码观看动漫视频，寓教于乐。

本书内容通俗易懂、形式生动活泼，集知识性、趣味性于一体，适合广大职工阅读，有助于其了解工伤保险知识和维护自身合法权益，可作为工伤保险法律法规宣传普及与教育培训用书。

人力资源和社会保障部工伤保险司

2024 年 4 月

目 录

第一章 总则

第一条 为了保障因工作遭受事故伤害或者患职业病的职工获得医疗救治和经济补偿，促进工伤预防和职业康复，分散用人单位的工伤风险，制定本条例。

要点释义

什么是工伤保险

工伤是工作伤害的简称，也称作“职业伤害”。“工伤”的概念是1921年国际劳工大会上通过的公约中提出的，是指由工作直接或间接引起的事故伤害。1964年第48届国际劳工大会又明确规定，工伤补偿应将职业病和上下班交通事故包括在内。因此，“工伤”包括两个方面的内容，即由工作引起并在工作过程中发生的事故伤害和职业病。工伤需要依法进行认定。

当然，在工作中，用人单位和劳动者应最大限度地预防和避免这些伤害的发生。一旦发生这些情形，劳动者应知道该怎么做，能得到哪些帮助，有哪些相应的权益。

什么是工伤保险？18世纪工业革命，机器代替手工，伴随工业化和现代化的发展，各类职业伤害事故开始逐年增多。频繁发生的工伤事故不仅给劳动者个人和企业带来直接损害，而且对经济社会发展产生了重大影响。工伤事故发生后，如何合理补偿劳动者因工伤亡的损失，有效化解劳资双方矛盾，同时避免和减少工伤事故再次发生，成为众多国家在工业化过程中面临的一项重要课题。为此，工伤保险制度应运而生。1884 年，世界上第一部工伤保险法在德国诞生。经过 100 多年的发展，世界上大多国家相继进行了本国工伤保险的立法。

中华人民共和国成立以后，党和国家高度重视保护劳动者在生产工作过程中的生命安全与身体健康，在一系列社会保障制度的创建过程中，相继颁布了《劳动保险条例》《企业职工工伤保险试行办法》，我国工伤保险制度逐步建立与完善。

2003 年 4 月 27 日，《工伤保险条例》以中华人民共和国国务院令第 375 号公布，自 2004 年 1 月 1 日起施行。2010 年 10 月 28 日，《中华人民共和国社会保险法》正式颁布，自 2011 年 7 月 1 日开始实施，其中，对工伤保险作出了专章规定，进一步明确了工伤保险的法

律地位。2010 年 12 月 20 日，在总结实践经验的基础上，中华人民共和国国务院令第 586 号公布了《国务院关于修改〈工伤保险条例〉的决定》，对《工伤保险条例》进行了修订。至此，我国工伤保险法律体系基本形成。

总之，工伤保险是指劳动者在生产经营活动中或在规定的某些特殊情况下遭受意外伤害或者罹患职业病，以及因这两种情况造成劳动者死亡、暂时或永久丧失劳动能力时，劳动者及其供养亲属（遗属）能够从国家、社会得到必要的物质补偿。这种补偿既包括医疗、康复所需，也包括基本生活保障所需。

扫码观看动漫视频

什么是工伤保险

《工伤保险条例》的立法宗旨

工伤保险是社会保障体系的重要组成部分，工伤保险制度对于保障工伤职工及其供养亲属的生活、促进用人单位安全生产及维护社会安定起着重要作用。

《工伤保险条例》的立法宗旨主要突出 3 个方面：

一是切实维护工伤职工的医疗救治权与经济补

偿权。职工因工作遭受事故伤害或者患职业病后，要获得及时、有效的医疗救治，使伤害或者病情尽快得到有效的控制。其间所发生的交通、住院、检查、诊断、治疗等费用，要依法得到足额的保障。职工伤（病）情稳定后，要按照法定程序进行劳动能力鉴定，确定伤残等级，给予相应的一次性和长期性经济补偿。为工伤职工提供救治和补偿，是工伤保险制度最初也是最主要的宗旨。

二是促进工伤预防与职业康复。经过多年的发展，我国的工伤保险制度已逐步形成工伤预防、工伤补偿、工伤康复三位一体的模式，对工伤预防及工伤职工的职业康复等关注程度不断提高。在制度设计上，通过行业差别费率和用人单位浮动费率，使用人单位缴费与工伤预防工作紧密相连，促使用人单位加强工伤事故和职业病的预防。同时在工伤保险基金中列支工伤预防费，直接用于加强工伤预

防或支持、鼓励、引导用人单位强化工伤预防。对工伤职工的救济不只停留在医疗救治层面，而是将相当多的精力放在职业康复方面，从而使工伤职工权益依法得到全方位的保障。

三是分散用人单位的工伤风险。工伤保险制度的建立，能够得到众多用人单位的支持，是因为工伤保险基金能够分散单个用人单位在发生工伤事故后所面临的经营风险。

扫码观看动漫视频

《工伤保险条例》的立法宗旨

第二条 中华人民共和国境内的企业、事业单位、社会团体、民办非企业单位、基金会、律师事务所、会计师事务所等组织和有雇工的个体工商户（以下称用人单位）应当依照本条例规定参加工伤保险，为本单位全部职工或者雇工（以下称职工）缴纳工伤保险费。

中华人民共和国境内的企业、事业单位、社会团体、民办非企业单位、基金会、律师事务所、会计师事务所等组织的职工和个体工商户的雇工，均有依照本条例的规定享受工伤保险待遇的权利。

延伸阅读

《工伤保险条例》中的“企业”包括在中国境内的所有形式的企业，按照所有制划分，有国有企业、集体所有制企业、私营企业、外资企业等；按照所在地域划分，有城镇企业、乡镇企业等；按照企业的组织结构划分，有公司制企业、合伙企业、

个人独资企业等。

在这里，有两点需要说明。一是工伤保险制度在国家之间不能互免。目前，通过多边或者双边协定，一些国家可以对养老保险、失业保险等参保缴费进行互免，但工伤保险却不能互免，企业需要参加营业地所在国的工伤保险。这就意味着来中国投资的外国企业需要遵守中国的工伤保险制度，而到国外承包工程或者投资设厂的中国企业则需要遵守当地的工伤保险制度。二是当用人单位实行承包经营时，工伤保险责任应当由职工劳动关系所在单位承担。

扫码观看动漫视频

《工伤保险条例》的适用范围

第三条 工伤保险费的征缴按照《社会保险费征缴暂行条例》关于基本养老保险费、基本医疗保险费、失业保险费的征缴规定执行。

要点释义

社会保险费收入是社会保险事业的主要资金来源，社会保险费征收工作十分重要，它不仅关系社会保险制度的有效运行，也关系政府能否很好地保障人民群众的基本生活。

用人单位应当按时缴纳工伤保险费。工伤保险费的征缴按照《社会保险费征缴暂行条例》的规定执行。

扫码观看动漫视频

工伤保险费的征缴

第四条 用人单位应当将参加工伤保险的有关情况在本单位内公示。

用人单位和职工应当遵守有关安全生产和职业病防治的法律法规，执行安全卫生规程和标准，预防工伤事故发生，避免和减少职业病危害。

职工发生工伤时，用人单位应当采取措施使工伤职工得到及时救治。

延伸阅读

用人单位应当积极参加工伤保险，并将参保的有关情况在本单位内公示。用人单位不将参保情况予以公示的，职工有权向当地人力资源和社会保障部门举报。人力资源和社会保障部门在接到举报后要及时查处，督促用人单位认真履行其法定义务。

扫码观看动漫视频

用人单位的责任

第五条 国务院社会保险行政部门负责全国的工伤保险工作。

县级以上地方各级人民政府社会保险行政部门负责本行政区域内的工伤保险工作。

社会保险行政部门按照国务院有关规定设立的社会保险经办机构（以下称经办机构）具体承办工伤保险事务。

延伸阅读

在我国，负责全国工伤保险工作的部门是人力资源和社会保障部。省、市、县各级人力资源和社会保障部门在各自的行政区域内负责工伤保险的行政管理工作，包括监督检查和受理举报。

各地劳动能力鉴定机构负责劳动能力鉴定的技术性、事务性工作，组织有关专家进行工伤、职业病和非因工伤病的技术性鉴定。各地劳动能力鉴定机构具体承担的职责包括劳动功能障碍程度的等级鉴定和生活自理障碍程度的等级鉴定。

各地社会保险经办机构是人力资源和社会保障部门所属的事业单位，具体承办各项工伤保险事务。

扫码观看动漫视频

工伤保险管理部门
和经办机构

第六条 社会保险行政部门等部门制定工伤保险的政策、标准，应当征求工会组织、用人单位代表的意见。

要点释义

为了扩大工伤保险决策中的群众参与程度，充分保护国家、用人单位和劳动者三方各自的利益，《工伤保险条例》规定，社会保险行政部门等在制定工伤保险政策、标准（如行业差别费率及行业内费率档次，劳动能力鉴定标准，工伤保险诊疗项目目录，工伤保险药品目录，工伤保险住院服务标准，辅助器具配置标准，一次性工伤医疗补助金和伤残就业补助金标准，因工死亡职工供养亲属的范围，一次性工亡补助金标准，伤残津贴、供养亲属抚恤金、生活护理费标准等）时，应当征求工会组织、用人单位代表的意见。

扫码观看动漫视频

政策制定的征求意见原则

第二章 工伤保险基金

第七条 工伤保险基金由用人单位缴纳的工伤保险费、工伤保险基金的利息和依法纳入工伤保险基金的其他资金构成。

要点释义

工伤保险基金是社会保险基金的一种，由依法应参加工伤保险的用人单位缴纳的工伤保险费、工伤保险基金的利息和依法纳入工伤保险基金的其他资金构成。

工伤保险费是工伤保险基金的主要来源。凡是纳入工伤保险保障范围的用人单位，应当按照规定及时足额缴纳工伤保险费，以保证基金的支付能力，切实保障工伤职工及时获得医疗救治和经济补偿。工伤保险基金按照规定存入银行，取得的利息并入工伤保险基金。

其他资金包括按规定征收的滞纳金、社会捐赠等。

扫码观看动漫视频

工伤保险基金的构成

第八条 工伤保险费根据以支定收、收支平衡的原则，确定费率。

国家根据不同行业的工伤风险程度确定行业的差别费率，并根据工伤保险费使用、工伤发生率等情况在每个行业内确定若干费率档次。行业差别费率及行业内费率档次由国务院社会保险行政部门制定，报国务院批准后公布施行。

统筹地区经办机构根据用人单位工伤保险费使用、工伤发生率等情况，适用所属行业内相应的费率档次确定单位缴费费率。

延伸阅读

在我国，用人单位缴纳工伤保险费不实行统一费率，而是实行行业差别费率和用人单位浮动费率相结合的工伤保险费率制度。这是因为不同的行业，工伤风险有很大差别，工伤保险费率在实现社会共济的同时，与用人单位所属行业挂钩，形成行业差别费率，使工伤保险缴费更为公平。同时，在实行行业差别费率的基础上，建立用人单位费率浮动机制。

扫码观看动漫视频

工伤保险费率的确定

第九条 国务院社会保险行政部门应当定期了解全国各统筹地区工伤保险基金收支情况，及时提出调整行业差别费率及行业内费率档次的方案，报国务院批准后公布施行。

延伸阅读

浮动费率是指在差别费率的基础上根据用人单位在一定时期内工伤预防状况和工伤保险费支出情况，通过评估，定期对用人单位费率给予浮动的办法。

浮动费率的目的是利用经济手段促进用人单位强化工伤预防工作，降低企业伤亡事故发生率。

浮动费率根据“以支定收、收支平衡”的原则，以上年度用人单位工伤保险支缴率为主要考核指标，以工伤发生率、一级至四级伤残人数、因工死亡人数等为辅助考核指标，提高或降低用人单位本年度的缴费费率。

扫码观看动漫视频

行业差别费率
及档次的调整

第十条 用人单位应当按时缴纳工伤保险费。职工个人不缴纳工伤保险费。

用人单位缴纳工伤保险费的数额为本单位职工工资总额乘以单位缴费费率之积。

对难以按照工资总额缴纳工伤保险费的行业，其缴纳工伤保险费的具体方式，由国务院社会保险行政部门规定。

延伸阅读

一些特殊的行业企业及其用工部门，职工流动性大，用人规模波动性大，按照用人单位工资总额的一定比例缴纳工伤保险费，在实际操作中存在着困难。为方便这些行业企业参保缴费，人力资源和

社会保障部制定了《部分行业企业工伤保险费缴纳办法》，结合实践作出缴费的具体规定，如建筑施工企业可以实行以工程项目为单位，按工程造价的一定比例计算缴纳工伤保险费等。

扫码观看动漫视频

工伤保险费的缴费主体和数额

第十一条 工伤保险基金逐步实行省级统筹。

跨地区、生产流动性较大的行业，可以采取相对集中的方式异地参加统筹地区的工伤保险。具体办法由国务院社会保险行政部门会同有关行业的主管部门制定。

要点释义

随着工伤保险制度不断完善，工伤保险基金统筹层次需进一步提高。全面实行省级统筹，可以提高基金的支付能力和抗风险能力，促进工伤保险制度健康可持续发展。

用人单位应当参加其所在统筹地区的工伤保险，缴纳工伤保险费。跨地区、生产流动性较大的行业，可以采取相对集中的方式异地参加统筹地区的工伤保险。

扫码观看动漫视频

工伤保险基金的
统筹层次

第十二条 工伤保险基金存入社会保障基金财政专户，用于本条例规定的工伤保险待遇，劳动能力鉴定，工伤预防的宣传、培训等费用，以及法律、法规规定的用于工伤保险的其他费用的支付。

工伤预防费用的提取比例、使用和管理的具体办法，由国务院社会保险行政部门会同国务院财政、卫生行政、安全生产监督管理等部门规定。

任何单位或者个人不得将工伤保险基金用于投资运营、兴建或者改建办公场所、发放奖金，或者挪作其他用途。

延伸阅读

为了加强对工伤保险基金的管理，维护工伤职工的合法权益，保障基金的完整与安全，工伤保险

基金实行收支两条线管理。各相关主体应严格执行基金管理和使用规定，不得违规操作，否则将受到行政处分甚至刑事处罚。

扫码观看动漫视频

工伤保险基金的
管理和用途

第十三条 工伤保险基金应当留有一定比例的储备金，用于统筹地区重大事故的工伤保险待遇支付；储备金不足支付的，由统筹地区的人民政府垫付。储备金占基金总额的具体比例和储备金的使用办法，由省、自治区、直辖市人民政府规定。

要点释义

工伤保险储备金是指为了应对重大工伤事故导致基金大规模支出而建立的一项应急资金。

工伤事故的发生有其不确定性。为了避免当事故突然发生时工伤保险基金难以支付的情况出现，更好地保障工伤职工的合法权益，分散用人单位的风险，《工伤保险条例》规定，工伤保险基金应当留有一定比例的储备金，用于统筹地区重大事故的工伤保险待遇支付。当储备金不足以支付时，由统筹地区的人民政府垫付。

扫码观看动漫视频

工伤保险储备金的作用

第三章 工伤认定

第十四条 职工有下列情形之一的，应当认定为工伤：

（一）在工作时间和工作场所内，因工作原因受到事故伤害的；

（二）工作时间前后在工作场所内，从事与工作有关的预备性或者收尾性工作受到事故伤害的；

（三）在工作时间和工作场所内，因履行工作职责受到暴力等意外伤害的；

（四）患职业病的；

（五）因工外出期间，由于工作原因受到伤害或者发生事故下落不明的；

（六）在上下班途中，受到非本人主要责任的交通事故或者城市轨道交通、客运轮渡、火车事故伤害的；

（七）法律、行政法规规定应当认定为工伤的其他情形。

要点释义

工伤认定的“三工”情形

职工有下列“三工”情形之一的，应当认定为工伤：

（1）在工作时间和工作场所内，因工作原因受到事故伤害的；

（2）工作时间前后在工作场所内，从事与工作有关的预备性或者收尾性工作受到事故伤害的；

（3）在工作时间和工作场所内，因履行工作职责受到暴力等意外伤害的。

“工作时间”是指法律规定的或者用人单位依法要求的职工应当工作的时间，以及在工作时间前后所做的预备性或收尾性工作占据的时间。

“工作场所”既应包括本单位内的工作场所，也应包括因工作需要或者领导指派到本单位以外去工作的工作场所。

“因履行工作职责受到暴力等意外伤害”有两层含义：一是指在工作时间和工作场所内，职工因履行工作职责受到暴力伤害；二是指在工作时间和工作场所内，职工履行工作职责期间因意外因素受到人身伤害。

扫码观看动漫视频

工伤认定的“三工”情形

工伤认定的职业病情形

职工被诊断患职业病的，应当认定为工伤。

在职业活动中，因接触如粉尘、放射性物质和其他有毒、有害物质等因素而引起的疾病，按照《中华人民共和国职业病防治法》《职业病诊断与鉴定管理办法》的有关规定和国家职业病诊断标准，结合职工的职业史、职业病危害接触史和工作场所职业病危害因素、临床表现及辅助检查结果等，由职业病诊断机构作出诊断结论。

职业病的范围是由国家主管部门明文规定的，可以参考《职业病分类和目录》。

扫码观看动漫视频

工伤认定的职业病情形

工伤认定的下落不明情形

《工伤保险条例》第十四条第五款规定，职工因工外出期间，由于工作原因受到伤害，或者发生事故下落不明的，应当认定为工伤。这里的“外出”包含两层含义：一是指到本单位以外，但是还在本地范围内；二是指不仅离开了本单位，并且到外地去了。职工由于工作需要被领导指派到本单位以外工作，或者为了更好地完成工作，自己到本单位以外从事与本职工作有关的工作，此时发生的伤害或者发生事故下落不明算作工伤。

扫码观看动漫视频

工伤认定的下落不明情形

工伤认定的交通事故情形

在上下班途中，职工受到非本人主要责任的交通事故或者城市轨道交通、客运轮渡、火车事故伤害的，可以认定为工伤。

交通事故是指《中华人民共和国道路交通安全法》所称的车辆在道路上因过错或者意外造成人身伤亡或财产损失的事件。

发生事故后，认定工伤应有公安机关交通管理部门作出的“非本人主要责任”的认定。例如，因无证驾驶、驾驶无证车辆、饮酒后驾驶车辆、闯红灯等交通违法行为造成的自身伤害，公安机关交通管理部门出具属于本人主要责任证明的，就不能认定为工伤。

对“上下班途中”的理解，应对“合理时间”和“合理路线”进行限定。“上下班途中”包括职工按正常工作时间上下班的途中，以及职工加班加点后上下班的途中。

扫码观看动漫视频

工伤认定的交通事故情形

以案说法

修理工具受伤的工伤认定案例

案情： 某建筑公司车间内，赵某用铁锤卸铸件模具时锤柄断裂。赵某遂去木工房更换锤柄，由于木工不在，赵某在自行操作电锯时，右手食指、中指不慎被锯片割断。赵某自行修理工具受伤，违反了用人单位有关安全生产的规定，能认定为工伤吗？

分析：经调查核实，赵某为了不影响后面工序，自行操作电锯安装锤柄受伤，应视为因工作原因受伤。虽然赵某违反用人单位有关安全生产的规定，自行操作电锯，但是违反用人单位规定可以由用人单位按规定进行教育处罚，不存在《工伤保险条例》第十六条所规定的不得认定为工伤的情形。根据《工伤保险条例》第十四条第一款的规定，赵某受伤应认定为工伤。

扫码观看动漫视频

修理工具受伤的
工伤认定案例

午休时被撞伤的工伤认定案例

案情： 张某为某公司机修组组长，某日早晨机修组接到修理车辆的紧急任务，张某决定所有组员吃完午饭后加班修车，以便按时完成任务。张某吃完午饭后稍加休息，在动身去机修车间加班时，被曹某驾驶的车辆撞伤致残。张某受伤能否认定为工伤？

分析：《工伤保险条例》第十四条第二款规定，职工工作时间前后在工作场所内，从事与工作有关的预备性或者收尾性工作受到事故伤害的，应当认定为工伤。张某受伤发生在加班修车之前，受伤时张某正准备前往机修车间，即张某受到伤害时正在从事与工作有关的预备性工作，因此应当认定为工伤。

扫码观看动漫视频

午休时被撞伤的
工伤认定案例

喷漆患白血病的工伤认定案例

案情： 李某在某汽车修理公司维修车间从事喷漆工作，但未签订劳动合同。某日，李某在维修车间给一辆小汽车喷漆时突然脸色苍白、流鼻血，感觉头晕。市职业病医院出具职业病诊断证明书，诊断李某患白血病。3个月后，李某经医治无效去世。李某的死亡能否认定为工伤？

分析：经调查，李某在汽车修理公司的生产场所内，用公司提供的原料、设备完成喷漆工序，公司以计件形式向李某支付劳动报酬，表明汽车修理公司与李某之间存在事实劳动关系。根据《工伤保险条例》第十四条第四款的规定，以及市职业病医院出具的职业病诊断证明书，李某患白血病应当认定为工伤。

扫码观看动漫视频

喷漆患白血病的
工伤认定案例

拓展训练受伤的工伤认定案例

案情：某校为增加教职工团队凝聚力，组织教职工参加拓展训练活动。教师黄某在参加拓展训练活动时不慎从木桥上摔下受伤。黄某能否认定为工伤？

分析：《工伤保险条例》第十四条第一款规定，职工在工作时间和工作场所内，因工作原因受到事故伤害的，应当认定为工伤。学校组织教职工参加拓展训练活动，是以增加团队凝聚力、促进单位文化建设为目的的。黄某在参加该活动时受到伤害，属于因工作原因致伤，应当认定为工伤。

扫码观看动漫视频

拓展训练受伤的
工伤认定案例

第十五条 职工有下列情形之一的，视同工伤：

（一）在工作时间和工作岗位，突发疾病死亡或者在 48 小时之内经抢救无效死亡的；

（二）在抢险救灾等维护国家利益、公共利益活动中受到伤害的；

（三）职工原在军队服役，因战、因公负伤致残，已取得革命伤残军人证，到用人单位后旧伤复发的。

职工有前款第（一）项、第（二）项情形的，按照本条例的有关规定享受工伤保险待遇；职工有前款第（三）项情形的，按照本条例的有关规定享受除一次性伤残补助金以外的工伤保险待遇。

要点释义

按照《工伤保险条例》第十五条的规定，视同

工伤职工的工伤保险待遇如下：

（1）职工突发疾病死亡和在抢险救灾等活动中受伤的，按照《工伤保险条例》享受工伤保险待遇。

（2）伤残退役军人旧伤复发的，按照《工伤保险条例》的有关规定享受除一次性伤残补助金以外的工伤保险待遇。这是因为，一次性伤残补助金是对伤残职工伤残程度的一次性补偿，职工原在军队服役期间，因公负伤致残后，当时已经按照军队的有关规定享受了各项待遇，包括一次性待遇。职工原在军队享受了一次性待遇，其性质与《工伤保险条例》中的一次性伤残补助金等同，因此不应重复享受。

扫码观看动漫视频

视同工伤的情形

以案说法

退伍旧伤复发的工伤认定案例

案情：冯某原在军队服役，因公负伤致残。退伍后，冯某在用人单位工作时旧伤复发，且复发位置与因公负伤部位一致，则冯某受伤能否视同工伤？

分析：经调查，冯某原在军队服役，因公负伤致残，已取得革命伤残军人证，到用人单位后，旧伤复发，事实清楚，证据充分。根据《工伤保险条例》第十五条第三款的规定，冯某受伤应当视同工伤。

扫码观看动漫视频

退伍旧伤复发的
工伤认定案例

第十六条 职工符合本条例第十四条、第十五条的规定，但是有下列情形之一的，不得认定为工伤或者视同工伤：

（一）故意犯罪的；

（二）醉酒或者吸毒的；

（三）自残或者自杀的。

要点释义

不得认定为工伤或者视同工伤是指职工虽然在工作中伤亡，但其伤亡与工作不具有因果关系，因而不能纳入工伤范畴。利用工作机会实施故意犯罪，工作中喝酒、吸毒故意麻痹自己而使自己不能控制行为，自残、自杀，这3种情形导致职工本人在工作中受到伤害，具有主观故意性，其后果应由职工自己承担，不属于工伤范畴。

扫码观看动漫视频

不得认定为工伤的情形

以案说法

醉酒交通事故的工伤认定案例

案情：赵某喝酒后骑电动车上班途中被一辆行驶中的摩托车撞倒，交警判定赵某为醉酒驾驶，对这起事故负有同等责任。赵某在上班途中发生交通事故，也非本人主要责任，能否认定为工伤？

分析：经调查，赵某在上班途中发生交通事故，且非本人主要责任，但发生交通事故伤害时处于醉酒状态。根据《工伤保险条例》第十四条第六款的

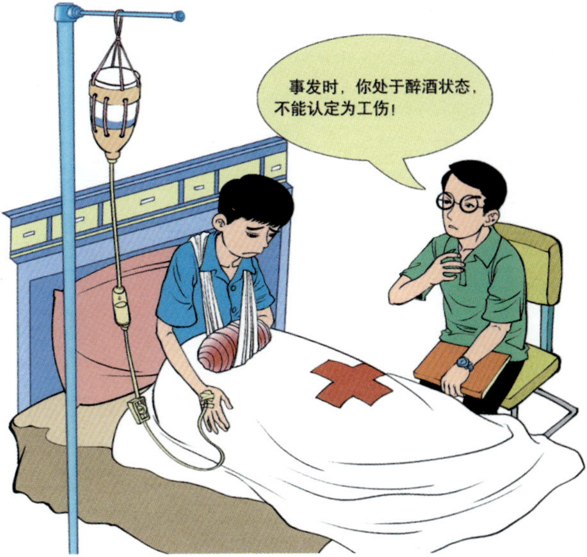

规定，职工在上下班途中受到非本人主要责任的交通事故或者城市轨道交通、客运轮渡、火车事故伤害的，应当认定为工伤。但《工伤保险条例》第十六条第二款进一步规定，符合《工伤保险条例》第十四条的规定，但是醉酒的，不得认定为工伤。

扫码观看动漫视频

醉酒交通事故的
工伤认定案例

第十七条 职工发生事故伤害或者按照职业病防治法规定被诊断、鉴定为职业病，所在单位应当自事故伤害发生之日或者被诊断、鉴定为职业病之日起30日内，向统筹地区社会保险行政部门提出工伤认定申请。遇有特殊情况，经报社会保险行政部门同意，申请时限可以适当延长。

用人单位未按前款规定提出工伤认定申请的，工伤职工或者其近亲属、工会组织在事故伤害发生之日或者被诊断、鉴定为职业病之日起1年内，可以直接向用人单位所在地统筹地区社会保险行政部门提出工伤认定申请。

按照本条第一款规定应当由省级社会保险行政部门进行工伤认定的事项，根据属地原则由用人单位所在地的设区的市级社会保险行政部门办理。

用人单位未在本条第一款规定的时限内提交工伤认定申请，在此期间发生符合本条例规定的工伤待遇等有关费用由该用人单位负担。

要点释义

根据《工伤保险条例》的规定，工伤认定的申请主体有两类：一是职工所在用人单位；二是工伤职工或者其近亲属，以及工伤职工所在用人单位的工会组织。

（1）职工所在用人单位。工伤保险遵循的是雇主责任原则，在工伤保险方面雇主承担了许多责任和义务。工伤事故发生或者职业病被确诊以后，

为了及时抢救受伤职工，保障职工的合法权益，促进用人单位的安全生产，有必要要求职工所在用人单位承担首要的工伤申报义务。同时，将所在用人单位的申报时间限定为事故伤害发生或者职业病被确诊后的 30 日内。只有在特殊情况下，经过社会保险行政部门的同意，才可以将申报时限延长。

（2）工伤职工或者其近亲属，以及工伤职工所在用人单位的工会组织。申请工伤认定是工伤职工的一项基本权利，也是工伤职工获得工伤保险待遇的前提。为了充分保护职工的合法权益，《工伤保险条例》规定，工伤职工的工伤认定申请时限为1年，远远长于所在用人单位的申请时限。另外，受伤职工在医疗机构接受治疗时很难亲自办理工伤认定申请等事项，因此《工伤保险条例》规定，工伤职工的近亲属，如配偶、父母、成年子女等，都可以成为工伤认定申请的主体。

此外，作为维护职工权益的专门性群众组织，工会也有权申请进行工伤认定。

扫码观看动漫视频

申请工伤认定的主体

第十八条 提出工伤认定申请应当提交下列材料：

（一）工伤认定申请表；

（二）与用人单位存在劳动关系（包括事实劳动关系）的证明材料；

（三）医疗诊断证明或者职业病诊断证明书（或者职业病诊断鉴定书）。

工伤认定申请表应当包括事故发生的时间、地点、原因以及职工伤害程度等基本情况。

工伤认定申请人提供材料不完整的，社会保险行政部门应当一次性书面告知工伤认定申请人需要补正的全部材料。申请人按照书面告知要求补正材料后，社会保险行政部门应当受理。

延伸阅读

劳动合同是劳动者与用人单位建立劳动关系的法定凭证。但在现实中，一些企业、个体工商户未与其职工签订劳动合同。为了保障这些职工享受工伤保险待遇的权益，《工伤保险条例》规定，劳动关系证明材料包括能够证明与用人单位存在事实劳动关系的材料。据此，职工在未能与用人单

位签订劳动合同的情况下，可以提供能够证明劳动关系存在的其他材料，如领取劳动报酬的证明、单位同事的证言证词等。

扫码观看动漫视频

工伤认定申请
应提交的材料

第十九条　社会保险行政部门受理工伤认定申请后，根据审核需要可以对事故伤害进行调查核实，用人单位、职工、工会组织、医疗机构以及有关部门应当予以协助。职业病诊断和诊断争议的鉴定，依照职业病防治法的有关规定执行。对依法取得职业病诊断证明书或者职业病诊断鉴定书的，社会保险行政部门不再进行调查核实。

职工或者其近亲属认为是工伤，用人单位不认为是工伤的，由用人单位承担举证责任。

要点释义

社会保险行政部门受理工伤认定申请后，应对申请人提供的申请材料进行书面审核。在书面审核过程中，可以通过对当事人提供的材料进行分析、电话询问有关人员、与当事人面谈等方式，对申请材料所提供信息的真实性、全面性进行判断。如果申请人提供的材料真实、准确，并且能够说明自己的主张，社会保险行政部门可以据此作出工伤认

定决定。经书面审核后，如果发现申请人提供的材料及相关证据不能支持自己的主张，社会保险行政部门不能据此作出工伤认定决定。此时，社会保险行政部门应对申请所涉及的用人单位和个人进行调查核实，以确定哪些证据可以采信，哪些证据不能采信。被调查的用人单位、工会组织、医疗机构、有关人员等应当协助社会保险行政部门调查，如实反映情况，并提供相应的证据。如果经社会保险行政部门实地调查，用人单位与职工有不同的主张，并且各自提供的材料及证据都不足以支持自己的主张，此时应由用人单位承担举证责任。如果用人单位提供的证据不足以推翻职工提供的证据，社会保险行政部门可以根据职工提供的材料及证据作出工伤认定决定。

扫码观看动漫视频

工伤事故的
调查核实

第二十条 社会保险行政部门应当自受理工伤认定申请之日起 60 日内作出工伤认定的决定，并书面通知申请工伤认定的职工或者其近亲属和该职工所在单位。

社会保险行政部门对受理的事实清楚、权利义务明确的工伤认定申请，应当在 15 日内作出工伤认定的决定。

作出工伤认定决定需要以司法机关或者有关行政主管部门的结论为依据的，在司法机关或者有关行政主管部门尚未作出结论期间，作出工伤认定决定的时限中止。

社会保险行政部门工作人员与工伤认定申请人有利害关系的，应当回避。

要点释义

对于这一规定，应当从以下几方面来把握：

一是工伤认定的时限。对工伤认定的时限作出规定，既可以及时、有效地保护职工的合法权益，有利于维护社会安定；又能够提高社会保险行政部门的工作效率，避免认定工作久拖不决。需要指出的是，工伤认定时限的起算时间为受理工伤认定申请之日，即申请人按规定完整地提交了申请材料之日。工伤认定申请人提交的材料不完整的，应从材料补齐之日起开始计算。

二是认定决定的送达方式。工伤认定决定是工伤职工能否享受工伤保险待遇的依据，也是当事人进行行政复议和行政诉讼申请的依据。因此，工伤

认定决定必须以书面方式送达。

三是送达对象。工伤认定决定直接关系工伤职工和用人单位的利益，因此应当同时送达工伤职工（或者其近亲属）和该职工所在用人单位。为使工伤认定工作与工伤保险待遇给付工作相衔接，认定决定在送达相关对象的同时，应当抄送社会保险经办机构。

四是送达期限。《工伤认定办法》对送达期限作了规定，即社会保险行政部门应当自工伤认定决定作出之日起 20 日内送达有关当事人。

针对实际工作中存在的一些工伤认定决定需要等待司法机关或者有关行政主管部门作出结论的情

况，《工伤保险条例》专门作了中止规定。比如，受到事故伤害的职工正在接受法院的审查，以判断其是否为故意犯罪，在这期间应当中止工伤认定。如果法院认定职工不是故意犯罪或者无罪，就应重新启动工伤认定程序。再如，上下班途中发生的交通事故，是不是职工本人的主要责任，需等待公安机关交通管理部门的认定，同样应当中止工伤认定。如果公安机关交通管理部门认定职工本人负主要责任，则不能认定为工伤；反之，则可以认定为工伤。

为了保证工伤认定工作的公开、公正，《工伤保险条例》作了回避规定。按照规定，社会保险行政部门从事直接相关工伤认定工作的人员，若与工伤认定申请人有亲戚、同事、同学等利害关系，可能影响公正作出工伤认定决定的，均应回避。

扫码观看动漫视频

工伤认定的时限
和回避

第四章 劳动能力鉴定

第二十一条 职工发生工伤，经治疗伤情相对稳定后存在残疾、影响劳动能力的，应当进行劳动能力鉴定。

要点释义

劳动能力鉴定是指职工因工负伤或患职业病导致本人劳动与生活能力受到不同程度的影响，由劳动能力鉴定机构根据职工本人或者其近亲属的申请，组织劳动能力鉴定医疗卫生专家，根据国家制定的评残标准，按照工伤保险的有关政策，运用医学科学技术的方法和手段，确定职工伤残程度的一种综合性评定制度。劳动能力鉴定结论是职工享受工伤保险待遇的依据。

职工发生工伤，经治疗伤情相对稳定后存在残疾、影响劳动能力的，应当进行劳动能力鉴定。工伤职工进行劳动能力鉴定

应符合以下条件：一是经过治疗后，伤情处于相对稳定状态，这样便于劳动能力鉴定机构聘请的医疗卫生专家对伤情进行鉴定；二是职工经治疗后，确认是因工伤原因造成职工身体上的残疾；三是工伤职工的残疾将对以后的工作、生活产生直接影响，并且伤残程度已经影响职工本人的劳动能力。

扫码观看动漫视频

职工进行劳动能力鉴定的条件

第二十二条 劳动能力鉴定是指劳动功能障碍程度和生活自理障碍程度的等级鉴定。

劳动功能障碍分为十个伤残等级，最重的为一级，最轻的为十级。

生活自理障碍分为三个等级：生活完全不能自理、生活大部分不能自理和生活部分不能自理。

劳动能力鉴定标准由国务院社会保险行政部门会同国务院卫生行政部门等部门制定。

要点释义

目前，我国遵照执行的劳动能力鉴定标准是由国务院社会保险行政部门会同国务院卫生行政部门等部门制定的国家标准《劳动能力鉴定 职工工伤与职业病致残等级》。

劳动能力鉴定分为劳动功能障碍程度等级鉴定和生活自理障碍程度等级鉴定。

劳动功能障碍共分为10级。一级：器官缺失或功能完全丧失，其他器官不能代偿，存在特殊医疗依赖，或完全或大部分或部分生活自理障碍；二级：器官严重缺损或畸形，有严重功能障碍或并发症，存在特殊医疗依赖，或大部分或部分生活自理障碍；三级：器官严重缺损或畸形，有严重功能障碍或并发症，存在特殊医疗依赖，或部分生活自理障碍；四级：器官严重缺损或畸形，有严重功能障碍或并发症，存在特殊医疗依赖，或部分生活自理障碍或无生活自理障碍；五级：器官大部分缺损或明显畸形，有较重功能障碍或并发症，存在一般医

疗依赖，无生活自理障碍；六级：器官大部缺损或明显畸形，有中等功能障碍或并发症，存在一般医疗依赖，无生活自理障碍；七级：器官大部缺损或畸形，有轻度功能障碍或并发症，存在一般医疗依赖，无生活自理障碍；八级：器官部分缺损，形态异常，轻度功能障碍，存在一般医疗依赖，无生活自理障碍；九级：器官部分缺损，形态异常，轻度功能障碍，无医疗依赖或者存在一般医疗依赖，无生活自理障碍；十级：器官部分缺损，形态异常，无功能障碍或轻度功能障碍，无医疗依赖或者存在一般医疗依赖，无生活自理障碍。

生活自理障碍分为3个等级：生活完全不能自

理、生活大部分不能自理和生活部分不能自理。

生活完全不能自理是指进食，翻身，大、小便，穿衣、洗漱，自主行动 5 项均需要护理的情形。

生活大部分不能自理是指进食，翻身，大、小便，穿衣、洗漱，自主行动 5 项中有 3 项或 4 项需要护理的情形。

生活部分不能自理是指进食，翻身，大、小便，穿衣、洗漱，自主行动 5 项中有 1 项或 2 项需要护理的情形。

扫码观看动漫视频

劳动能力鉴定的等级

第二十三条 劳动能力鉴定由用人单位、工伤职工或者其近亲属向设区的市级劳动能力鉴定委员会提出申请，并提供工伤认定决定和职工工伤医疗的有关资料。

要点释义

劳动能力鉴定申请的主体分为3类：一是用人单位，即工伤职工所在单位；二是工伤职工，即因工受到事故伤害或患职业病被认定为工伤的职工本人；三是职工的近亲属，包括职工配偶、子女、父母、兄弟姐妹、祖父母、外祖父母。

申请主体应向负责本辖区的设区的市级劳动能力鉴定委员会申请劳动能力初次鉴定，填写劳动能力鉴定申请表，并提交下列材料：

（1）有效的诊断证明、按照医疗机构病历管理有关规定复印或者复制的检查、检验报告等完整病历材料；

（2）工伤职工的居民身份证或者社会保障卡等其他有效身份证明原件和复印件；

（3）劳动能力鉴定委员会规定的其他材料。

扫码观看动漫视频

劳动能力鉴定的申请

第二十四条　省、自治区、直辖市劳动能力鉴定委员会和设区的市级劳动能力鉴定委员会分别由省、自治区、直辖市和设区的市级社会保险行政部门、卫生行政部门、工会组织、经办机构代表以及用人单位代表组成。

劳动能力鉴定委员会建立医疗卫生专家库。列入专家库的医疗卫生专业技术人员应当具备下列条件：

（一）具有医疗卫生高级专业技术职务任职资格；

（二）掌握劳动能力鉴定的相关知识；

（三）具有良好的职业品德。

要点释义

劳动能力鉴定委员会依据国家标准《劳动能力鉴定　职工工伤与职业病致残等级》，对工伤职工劳动功能障碍程度和生活自理障碍程度组织进行技术性等级鉴定。

我国劳动能力鉴定委员会从组织上分为两级，即设区的市级劳动能力鉴定委员会和省、自治区、直辖市劳动能力鉴定委员会。

设区的市级劳动能力鉴定委员会负责本辖区内的劳动能力初次鉴定和复查鉴定。省、自治区、直辖市劳动能力鉴定委员会负责对初次鉴定或者复查鉴定结论不服而提出的再次鉴定。

劳动能力鉴定委员会履行下列职责：

（1）选聘医疗卫生专家，组建医疗卫生专家库，对专家进行培训和管理；

（2）组织劳动能力鉴定；

（3）根据专家组的鉴定意见作出劳动能力鉴定结论；

（4）建立完整的鉴定数据库，保管鉴定工作档案 50 年；

（5）法律法规规定的其他职责。

扫码观看动漫视频

劳动能力鉴定
委员会

第二十五条 设区的市级劳动能力鉴定委员会收到劳动能力鉴定申请后，应当从其建立的医疗卫生专家库中随机抽取3名或者5名相关专家组成专家组，由专家组提出鉴定意见。设区的市级劳动能力鉴定委员会根据专家组的鉴定意见作出工伤职工劳动能力鉴定结论；必要时，可以委托具备资格的医疗机构协助进行有关的诊断。

设区的市级劳动能力鉴定委员会应当自收到劳动能力鉴定申请之日起60日内作出劳动能力鉴定结论，必要时，作出劳动能力鉴定结论的期限可以延长30日。劳动能力鉴定结论应当及时送达申请鉴定的单位和个人。

要点释义

劳动能力鉴定委员会收到劳动能力鉴定申请后，应当及时对申请人提交的材料进行审核；申请人提供材料不完整的，劳动能力鉴定委员会应当自收到劳动能力鉴定申请之日起5个工作日内一次性书面告知申请人需要补正的全部材料。

申请人提供材料完整的，劳动能力鉴定委员会应当及时组织鉴定，并在收到劳动能力鉴定申请之日起60日内作出劳动能力鉴定结论。伤情复杂、涉及医疗卫生专业较多的，作出劳动能力鉴定结论的期限可以延长30日。

劳动能力鉴定委员会应当视伤情等从医疗卫生专家库中随机抽取3名或者5名与工伤职工伤情相关科别的专家组成专家组进行鉴定。

劳动能力鉴定委员会应当自作出鉴定结论之日起 20 日内将劳动能力鉴定结论及时送达工伤职工及其用人单位，并抄送社会保险经办机构。

扫码观看动漫视频

劳动能力鉴定的
步骤和时限

第二十六条 申请鉴定的单位或者个人对设区的市级劳动能力鉴定委员会作出的鉴定结论不服的，可以在收到该鉴定结论之日起 15 日内向省、自治区、直辖市劳动能力鉴定委员会提出再次鉴定申请。省、自治区、直辖市劳动能力鉴定委员会作出的劳动能力鉴定结论为最终结论。

要点释义

省、自治区、直辖市劳动能力鉴定委员会是再次鉴定申请的受理机构。省、自治区、直辖市劳动能力鉴定委员会在再次鉴定的过程中，如果发现设区的市级劳动能力鉴定委员会作出的鉴定结论有重大错误，可以依法定程序重新进行鉴定。对经审查无错误的，省、自治区、直辖市劳动能力鉴定委员

会应维持设区的市级劳动能力鉴定委员会作出的鉴定结论，驳回申请人的申请。

在劳动能力鉴定中设立再次鉴定程序，主要是为申请人提供再次鉴定的救济渠道。因为在劳动能力鉴定工作中有可能出现鉴定有失公允或者申请人主观认为鉴定结论不客观、公正的情况，给申请人提供再次鉴定的机会，不仅体现了劳动能力鉴定程序的科学性，也体现了劳动能力鉴定工作的公正性。

扫码观看动漫视频

劳动能力再次鉴定

第二十七条 劳动能力鉴定工作应当客观、公正。劳动能力鉴定委员会组成人员或者参加鉴定的专家与当事人有利害关系的，应当回避。

要点释义

劳动能力鉴定委员会应当提前通知工伤职工进行鉴定的时间、地点以及应当携带的材料。工伤职工应当按照通知的时间、地点参加现场鉴定。对行动不便的工伤职工，劳动能力鉴定委员会可以组织专家上门进行劳动能力鉴定。组织劳动能力鉴定的工作人员应当对工伤职工的身份进行核实。

参加劳动能力鉴定的专家应当客观、公正地提出鉴定意见。专家意见不一致时，按照少数服从多数的原则确定专家组的鉴定意见。

用人单位、工伤职工或者其近亲属应当如实提供鉴定需要的材料，遵守劳动能力鉴定相关规定，按照要求配合劳动能力鉴定工作。

若工伤职工无正当理由不参加现场鉴定，或拒不参加劳动能力鉴定委员会安排的检查和诊断的，当次鉴定终止。

需要注意的是，当劳动能力鉴定委员会成员或者参加鉴定的医疗卫生专家与当事人有亲属关系或其他利害关系时，应执行回避制度。

扫码观看动漫视频

劳动能力鉴定
工作的原则

第二十八条 自劳动能力鉴定结论作出之日起1年后，工伤职工或者其近亲属、所在单位或者经办机构认为伤残情况发生变化的，可以申请劳动能力复查鉴定。

要点释义

劳动能力复查鉴定是指针对已经完成劳动能力鉴定的工伤职工，在劳动能力鉴定结论作出1年后，工伤职工或者其近亲属、所在单位或者经办机构认为残情发生变化，向设区的市级劳动能力鉴定委员会提出复查鉴定申请，设区的市级劳动能力鉴定委员会依据国家标准对其进行鉴定，作出新的劳动能力鉴定结论的鉴定。

评定伤残等级后的职工，其伤残程度有可能在一定时期以后发生变化，出现劳动功能障碍程度和生活自理障碍程度加重或减轻的情况。对这部分职工进行劳动能力复查鉴定，是为了保护伤残职工的合法权益，使其享受相应的工伤保险待遇。

对复查鉴定结论不服的，可以向省、自治区、直辖市劳动能力鉴定委员会申请再次鉴定。

扫码观看动漫视频

劳动能力复查鉴定

第二十九条 劳动能力鉴定委员会依照本条例第二十六条和第二十八条的规定进行再次鉴定和复查鉴定的期限，依照本条例第二十五条第二款的规定执行。

要点释义

《工伤保险条例》明确了再次鉴定和复查鉴定的时限，规定劳动能力再次鉴定和复查鉴定的时限按照初次鉴定的时限执行。在一般情况下，劳动能力再次鉴定和复查鉴定结论应该在收到劳动能力再次鉴定和复查鉴定申请之日起60日内作出。只有在工伤职工伤情复杂的情况下，作出劳动能力鉴定结论的期限才可以延长。

扫码观看动漫视频

劳动能力复查
鉴定的期限

第五章 工伤保险待遇

第三十条 职工因工作遭受事故伤害或者患职业病进行治疗，享受工伤医疗待遇。

职工治疗工伤应当在签订服务协议的医疗机构就医，情况紧急时可以先到就近的医疗机构急救。

治疗工伤所需费用符合工伤保险诊疗项目目录、工伤保险药品目录、工伤保险住院服务标准的，从工伤保险基金支付。工伤保险诊疗项目目录、工伤保险药品目录、工伤保险住院服务标准，由国务院社会保险行政部门会同国务院卫生行政部门、食品药品监督管理部门等部门规定。

职工住院治疗工伤的伙食补助费，以及经医疗机构出具证明，报经办机构同意，工伤职工到统筹地区以外就医所需的交通、食宿费用从工伤保险基金支付，基金支付的具体标准由统筹地区人民政府规定。

工伤职工治疗非工伤引发的疾病，不享受工伤医疗待遇，按照基本医疗保险办法处理。

工伤职工到签订服务协议的医疗机构进行工伤康复的费用，符合规定的，从工伤保险基金支付。

延伸阅读

工伤保险诊疗项目目录是指根据诊疗技术的应用范围、使用的广泛性、技术的成熟程度和安全性以及费用的高低等，将诊疗技术进行分类并分别制

定不同的费用支付办法的标准性规范。制定工伤保险诊疗项目目录是明确工伤保险诊疗服务范围和标准，强化医疗服务管理的一种措施。

工伤保险药品目录是指为保障工伤职工临床治疗，纳入工伤保险基金给付范围的药品目录，它是工伤保险用药范围管理的一种方式。纳入工伤保险药品目录的药品，应是临床必需、安全有效、价格合理、市场能够保证供应的药品，并具备下列条件之一：已被《中华人民共和国药典》收载；符合国家药品监督管理部门颁布的标准；从国外进口的药品，应当是经国家药品监督管理部门批准正式进口的药品。

工伤保险住院服务标准也是明确工伤保险医疗服务范围和标准，强化医疗服务管理的重要内容之一。工伤保险住院服务标准是指可纳入工伤保险基金支付范围的，与医疗技术非直接相关的病房条件、就诊环境等辅助性服务设施费用的支付标准。

《工伤保险条例》规定工伤保险诊疗项目目录、工伤保险药品目录、工伤保险住院服务标准，主要基于以下3个方面的考虑：一是为了界定工伤保险待遇范围，保障工伤职工得到现有条件下所能提供的、能支付得起的、适宜的治疗技术和医疗服务；二是为了控制工伤保险基金的支出，使有限的工伤保险基金发挥最大的效用；三是为了强化医疗服务管理。有了这些目录和标准，就可以合理控制医疗费用的支出，遏制浪费，从而有效地依法满足工伤职工的医疗和康复需求。

扫码观看动漫视频

工伤保险待遇

第三十一条 社会保险行政部门作出认定为工伤的决定后发生行政复议、行政诉讼的，行政复议和行政诉讼期间不停止支付工伤职工治疗工伤的医疗费用。

要点释义

社会保险行政部门作出工伤认定决定后，用人单位或者工伤职工及其近亲属，均有可能对工伤认定决定产生不同意见。为了保障这部分工伤职工的合法权益，避免因行政复议、行政诉讼而出现工伤职工治疗工伤的医疗费用没有着落，进而影响甚至耽误治疗的情况，《工伤保险条例》明确规定社会保险行政部门作出认定为工伤的决定后发生行政复议、行政诉讼的，行政复议和行政诉讼期间不停止支付工伤职工治疗工伤的医疗费用。

扫码观看动漫视频

行政复议期间的医疗费用

第三十二条 工伤职工因日常生活或者就业需要，经劳动能力鉴定委员会确认，可以安装假肢、矫形器、假眼、假牙和配置轮椅等辅助器具，所需费用按照国家规定的标准从工伤保险基金支付。

要点释义

职工遭受工伤事故后，身体器官可能缺损，导致身体生理功能障碍和心理功能障碍，进而影响工伤职工的生活质量。要恢复或提高工伤职工的身体功能，满足其日常生活和就业的需要，有时需要为工伤职工安装假肢、矫形器、假眼、假牙和配置轮椅等辅助器具。

工伤职工经劳动能力鉴定委员会确认，安装假肢、矫形器、假眼、假牙和配置轮椅等辅助器具所需费用按照国家规定的标准从工伤保险基金支付。

但应注意的是，工伤职工如需配置辅助器具，应到与社会保险经办机构签订服务协议的机构配置，且应当按照国家有关标准配置辅助器具。否则，违反有关标准配置辅助器具的费用，工伤保险基金将不予支付。

扫码观看动漫视频

配置辅助器具

第三十三条 职工因工作遭受事故伤害或者患职业病需要暂停工作接受工伤医疗的，在停工留薪期内，原工资福利待遇不变，由所在单位按月支付。

停工留薪期一般不超过12个月。伤情严重或者情况特殊，经设区的市级劳动能力鉴定委员会确认，可以适当延长，但延长不得超过12个月。工伤职工评定伤残等级后，停发原待遇，按照本章的有关规定享受伤残待遇。工伤职工在停工留薪期满后仍需治疗的，继续享受工伤医疗待遇。

生活不能自理的工伤职工在停工留薪期需要护理的，由所在单位负责。

要点释义

职工因遭受事故伤害或者患职业病需要暂停工作接受治疗的，实行工伤停工留薪。

停工留薪期是职工因工作遭受事故伤害或者患职业病需要暂停工作接受工伤医疗的期限。工伤停工留薪期应当根据伤情的具体状况来确定，一般不超过12个月。停工留薪期的时间，由已签订服务协议的治疗工伤的医疗机构提出意见，经劳动能力鉴定委员会确认并通知有关用人单位和工伤职工。伤情严重或者情况特殊需要延长治疗期限的，经设区的市级劳动能力鉴定委员会确认，可以适当延长，但最多可再延长12个月。

职工在停工留薪期内，除享受工伤医疗待遇外，原工资福利待遇不变，由所在单位按月支付。工伤职工评定伤残等级后，停发原待遇，按规定享受伤残待遇。也就是说，停工留薪期满时应由劳动能力鉴定委员会评定伤残等级，按照伤残等级发给伤残待遇。若该职工停工留薪期满后仍需治疗，可以继续享受工伤医疗待遇。

为了保障工伤职工能够获得全面补偿，《工伤保险条例》规定，工伤职工在停工留薪期内生活不能自理需要护理的，由所在单位负责护理。一方面，工伤职工在生产劳动过程中因工受伤、致残、患职业病所遭受的损失应获得补偿，不应由职工本人负担；另一方面，在停工留薪期内，工伤职工的医疗尚未终结，尚未评定伤残等级，无法确定具体的伤

残待遇。基于这两方面原因，工伤职工在停工留薪期内需要生活护理的，应由所在单位负责，而不应由工伤职工本人负责，也不应由工伤保险基金负担费用。

扫码观看动漫视频

工伤治疗期间的待遇

第三十四条 工伤职工已经评定伤残等级并经劳动能力鉴定委员会确认需要生活护理的，从工伤保险基金按月支付生活护理费。

生活护理费按照生活完全不能自理、生活大部分不能自理或者生活部分不能自理3个不同等级支付，其标准分别为统筹地区上年度职工月平均工资的50%、40%或者30%。

延伸阅读

《工伤保险条例》将生活护理费的基数定为统筹地区上年度职工月平均工资，主要考虑发生工伤后，工伤职工对护理的依赖程度主要取决于伤残的严重程度，而与本人对社会的贡献、收入的高低等因素无关。支付生活护理费的目的是减轻伤残职工及其家庭因护理之需而产生的经济负担。因此，从社会保险的公平性出发，《工伤保险条例》将生活护理费的基数定为统筹地区上年度职工月平均工资，而不是伤残职工本人的工资。

如果伤残程度发生了变化，劳动能力鉴定委员会则重新进行伤残评定。例如，工伤职工原来被评定为五级伤残，后伤残程度加重，被重新评定为二级伤残，那么劳动能力鉴定委员会就应当及时确定是否具有生活自理障碍，并确定护理等级。

扫码观看动漫视频

生活护理费的支付

第三十五条 职工因工致残被鉴定为一级至四级伤残的，保留劳动关系，退出工作岗位，享受以下待遇：

（一）从工伤保险基金按伤残等级支付一次性伤残补助金，标准为：一级伤残为27个月的本人工资，二级伤残为25个月的本人工资，三级伤残为23个月的本人工资，四级伤残为21个月的本人工资。

（二）从工伤保险基金按月支付伤残津贴，标准为：一级伤残为本人工资的90%，二级伤残为本人工资的85%，三级伤残为本人工资的80%，四级伤残为本人工资的75%。伤残津贴实际金额低于当地最低工资标准的，由工伤保险基金补足差额。

（三）工伤职工达到退休年龄并办理退休手续后，停发伤残津贴，按照国家有关规定享受基本养老保险待遇。基本养老保险待遇低于伤残津贴的，由工伤保险基金补足差额。

职工因工致残被鉴定为一级至四级伤残的，由用人单位和职工个人以伤残津贴为基数，缴纳基本医疗保险费。

要点释义

职工因工致残被鉴定为一级至四级伤残的，称为完全丧失劳动能力。因这些工伤职工已完全丧失劳动能力，故应退出工作岗位，且用人单位应当与其保留劳动关系。也就是说，除非这些职工达到退休年龄办理了退休手续或死亡，用人单位不得与这些职工解除或终止劳动关系。

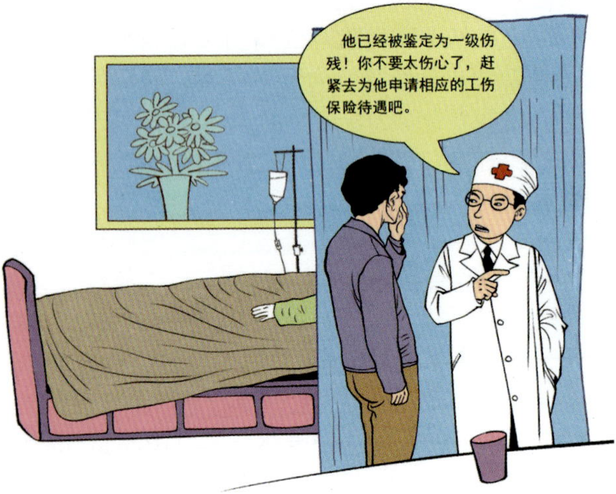

扫码观看动漫视频

一级至四级伤残
职工的工伤待遇

第三十六条 职工因工致残被鉴定为五级、六级伤残的，享受以下待遇：

（一）从工伤保险基金按伤残等级支付一次性伤残补助金，标准为：五级伤残为18个月的本人工资，六级伤残为16个月的本人工资；

（二）保留与用人单位的劳动关系，由用人单位安排适当工作。难以安排工作的，由用人单位按月发给伤残津贴，标准为：五级伤残为本人工资的70%，六级伤残为本人工资的60%，并由用人单位按照规定为其缴纳应缴纳的各项社会保险费。伤残津贴实际金额低于当地最低工资标准的，由用人单位补足差额。

经工伤职工本人提出，该职工可以与用人单位解除或者终止劳动关系，由工伤保险基金支付一次性工伤医疗补助金，由用人单位支付一次性伤残就业补助金。一次性工伤医疗补助金和一次性伤残就业补助金的具体标准由省、自治区、直辖市人民政府规定。

要点释义

对于大部分丧失劳动能力的工伤职工，用人单位应当与其保留劳动关系，安排适当的工作，使其回归社会，这对职工本人、用人单位和国家都有十分积极的作用。同时，为保障工伤职工本人主动解除或者终止劳动关系的权利不受限制，经工伤职工本人提出，工伤职工可以与用人单位解除或者终止劳动关系，由工伤保险基金向其支付一次性工伤医疗补助金，由用人单位向其支付一次性伤残就业补助金。实行这些补助，是使工伤职工在寻找到新的工作以前，基本生活开支有必要的保障，并有能力治疗疾病。一次性工伤医疗补助金和一次性伤残就业补助金的具体标准，由省、自治区、直辖市人民政府规定。

扫码观看动漫视频

五级、六级伤残职工的工伤待遇

第三十七条 职工因工致残被鉴定为七级至十级伤残的，享受以下待遇：

（一）从工伤保险基金按伤残等级支付一次性伤残补助金，标准为：七级伤残为13个月的本人工资，八级伤残为11个月的本人工资，九级伤残为9个月的本人工资，十级伤残为7个月的本人工资；

（二）劳动、聘用合同期满终止，或者职工本人提出解除劳动、聘用合同的，由工伤保险基金支付一次性工伤医疗补助金，由用人单位支付一次性伤残就业补助金。一次性工伤医疗补助金和一次性伤残就业补助金的具体标准由省、自治区、直辖市人民政府规定。

要点释义

职工因工致残被鉴定为七级至十级伤残的，称为部分丧失劳动能力。对于这部分工伤职工，《工伤保险条例》规定的是一次性待遇。同时，鉴于七级至十级伤残职工仍具有大部分劳动能力，可以通过劳动自食其力，用人单位应当与其继续履行原劳动、聘用合同，或者视客观情况依法与其变更劳动、聘用合同的部分内容，并按规定支付相应的工资报酬。劳动、聘用合同期满或者工伤职工本人提出解除劳动、聘用合同的，由工伤保险基金向其支付一次性工伤医疗补助金，由用人单位向其支付一次性伤残就业补助金。这是因为七级至十级伤残职工在伤病治愈或者医疗终结后，有可能伤病发生变化需要治疗，而且可能在以后的求职就业中与非工伤人员相比存在一定的困难。考虑各地经济发展水平存在较大差异，《工伤保险条例》授权省、自治区、直辖市人民政府根据当地的具体情况，规定一次性工伤医疗补助金和一次性伤残就业补助金的具体标准。

扫码观看动漫视频

七级至十级伤残职工的工伤待遇

第三十八条 工伤职工工伤复发，确认需要治疗的，享受本条例第三十条、第三十二条和第三十三条规定的工伤待遇。

延伸阅读

工伤复发是指职工因工伤事故或患职业病，经过医疗机构必要的诊断治疗，包括采取伤（病）情检查、确诊、药物治疗、手术治疗等医疗措施，确定工伤职工伤（病）情稳定，经劳动能力鉴定委员会评定伤残等级后或者正处于劳动能力鉴定过程中，工伤职工原有伤（病）情不同程度地复发。

扫码观看动漫视频

职工工伤复发的待遇

第三十九条 职工因工死亡，其近亲属按照下列规定从工伤保险基金领取丧葬补助金、供养亲属抚恤金和一次性工亡补助金：

（一）丧葬补助金为6个月的统筹地区上年度职工月平均工资。

（二）供养亲属抚恤金按照职工本人工资的一定比例发给由因工死亡职工生前提供主要生活来源、无劳动能力的亲属。标准为：配偶每月40%，其他亲属每人每月30%，孤寡老人或者孤儿每人每月在上述标准的基础上增加10%。核定的各供养亲属的抚恤金之和不应高于因工死亡职工生前的工资。供养亲属的具体范围由国务院社会保险行政部门规定。

（三）一次性工亡补助金标准为上一年度全国城镇居民人均可支配收入的20倍。

伤残职工在停工留薪期内因工伤导致死亡的，其近亲属享受本条第一款规定的待遇。

一级至四级伤残职工在停工留薪期满后死亡的，其近亲属可以享受本条第一款第（一）项、第（二）项规定的待遇。

延伸阅读

丧葬补助金、一次性工亡补助金与其他待遇的关系

《中华人民共和国社会保险法》第四十九条规定，个人死亡同时符合领取基本养老保险丧葬补助

金、工伤保险丧葬补助金和失业保险丧葬补助金条件的，其遗属只能选择领取其中的一项。

需要注意的是，一次性工亡补助金与一级至四级伤残职工一次性伤残补助金类似，都是一次性待遇，所以一级至四级伤残职工在停工留薪期后死亡的，其近亲属可以按照规定享受丧葬补助金和供养亲属抚恤金，但不享受一次性工亡补助金。

扫码观看动漫视频

职工因工死亡的待遇

供养亲属的范围

根据原劳动和社会保障部2004年颁布实施的《因工死亡职工供养亲属范围规定》，因工死亡职工供养亲属范围包括职工的配偶、子女、父母、祖父母、外祖父母、孙子女、外孙子女、兄弟姐妹。其中，子女包括婚生子女、非婚生子女、养子女和有抚养关系的继子女。婚生子女、非婚生子女包括遗腹子女。父母包括生父母、养父母和有抚养关系的继父母。兄弟姐妹包括同父母兄弟姐妹、同父异母或同母异父兄弟姐妹、养兄弟姐妹、有抚养关系的继兄弟姐妹。

上述规定的人员，依靠因工死亡职工生前提供主要生活来源，并有下列情形之一的，可按规定申请供养亲属抚恤金：

（1）完全丧失劳动能力的；

（2）工亡职工配偶男年满60周岁、女年满55周岁的；

（3）工亡职工父母男年满60周岁、女年满55周岁的；

（4）工亡职工子女未满18周岁的；

（5）工亡职工父母均已死亡，其祖父、外祖父年满60周岁，祖母、外祖母年满55周岁的；

（6）工亡职工子女已经死亡或完全丧失劳动能力，其孙子女、外孙子女未满18周岁的；

（7）工亡职工父母均已死亡或完全丧失劳动

能力，其兄弟姐妹未满 18 周岁的。

领取抚恤金人员有下列情形之一的，停止享受抚恤金待遇：

（1）年满 18 周岁且未完全丧失劳动能力的；

（2）就业或参军的；

（3）工亡职工配偶再婚的；

（4）被他人或组织收养的；

（5）死亡的。

扫码观看动漫视频

供养亲属的范围

第四十条 伤残津贴、供养亲属抚恤金、生活护理费由统筹地区社会保险行政部门根据职工平均工资和生活费用变化等情况适时调整。调整办法由省、自治区、直辖市人民政府规定。

要点释义

伤残津贴、供养亲属抚恤金、生活护理费都非一次性待遇，而是长期或者持续一定时间的待遇。为了保证这些待遇水平不因物价涨幅等因素而降低，同时让工伤职工和工亡职工的遗属享受社会经济发展成果，有必要适时进行调整。伤残津贴、供养亲属抚恤金、生活护理费的调整主要考虑统筹地区职工平均工资和生活费用变化等情况。

工伤保险实行属地管理。由于我国幅员辽阔，各地区社会经济发展水平不平衡，各地区职工工资增长、生活费提高、物价指数变化等存在较大差异，无法制定全国统一的调整办法。《工伤保险条例》授权省、自治区、直辖市人民政府制定各辖区内的调整办法。

扫码观看动漫视频

工伤保险待遇的调整

第四十一条 职工因工外出期间发生事故或者在抢险救灾中下落不明的，从事故发生当月起3个月内照发工资，从第4个月起停发工资，由工伤保险基金向其供养亲属按月支付供养亲属抚恤金。生活有困难的，可以预支一次性工亡补助金的50%。职工被人民法院宣告死亡的，按照本条例第三十九条职工因工死亡的规定处理。

要点释义

职工因工外出期间发生事故或者在抢险救灾中下落不明，其生死虽处于不确定的状态，但为了保护其供养亲属的利益，《工伤保险条例》规定其供

养亲属可享受职工因工死亡部分待遇。应当注意的是，虽然我国有公民下落不明2年，有关利害关系人可以向人民法院申请宣告其失踪的法律规定，但其供养亲属享受相关待遇，并不以是否经过宣告其失踪为法律要件，而是从事故发生、职工音信消失当月起即按规定发放有关待遇。

从职工被宣告死亡之日起，该职工的供养亲属便可以按照《工伤保险条例》的规定领取丧葬补助金、供养亲属抚恤金和一次性工亡补助金。

扫码观看动漫视频

职工下落不明的处理

第四十二条 工伤职工有下列情形之一的，停止享受工伤保险待遇：

（一）丧失享受待遇条件的；

（二）拒不接受劳动能力鉴定的；

（三）拒绝治疗的。

要点释义

工伤职工有下列情形之一的，停止享受工伤保险待遇：

（1）丧失享受待遇条件的。如果工伤职工在享受工伤保险待遇期间情况发生了变化，不再具备享受工伤保险待遇的条件，如劳动能力得以完全恢复而无须工伤保险制度提供保障，就应当停止享受工伤保险待遇。

（2）拒不接受劳动能力鉴定的。劳动能力鉴定是工伤保险管理工作中的一个重要环节，是确定工伤保险待遇的基础和前提条件。如果工伤职工没有正当理由拒不接受劳动能力鉴定，一方面工伤保险待遇无法确定，另一方

面也表明工伤职工并不愿意接受工伤保险制度提供的帮助，就不应当再享受工伤保险待遇。

（3）拒绝治疗的。职工遭受事故伤害或患职业病后，有享受工伤医疗待遇的权利，也有积极配合医疗救治的义务。职工应当积极配合治疗，尽可能地恢复劳动能力，提高自己的生活质量，而不是一味消极地依靠社会救助。

扫码观看动漫视频

停止享受工伤保险
待遇的情形

第四十三条 用人单位分立、合并、转让的，承继单位应当承担原用人单位的工伤保险责任；原用人单位已经参加工伤保险的，承继单位应当到当地经办机构办理工伤保险变更登记。

用人单位实行承包经营的，工伤保险责任由职工劳动关系所在单位承担。

职工被借调期间受到工伤事故伤害的，由原用人单位承担工伤保险责任，但原用人单位与借调单位可以约定补偿办法。

企业破产的，在破产清算时依法拨付应当由单位支付的工伤保险待遇费用。

要点释义

分立、合并、转让是用人单位组织机构上发生的变更：用人单位的分立是指一个单位分成两个或两个以上单位；合并是指两个或两个以上的单位联合组成一个单位或一个单位兼并另一个或一个以上单位；转让是指用人单位的所有权向他人（法人或自然人）让渡。

用人单位在分立、合并、转让过程中，必须妥善解决职工工伤保险权益维护问题。《中华人民共和国民法典》第六十七条规定，法人合并的，其权利和义务由合并后的法人享有和承担。法人分立的，其权利和义务由分立后的法人享有连带债权，承担连带债务，但是债权人和债务人另有约定的除外。对于非法人企业组织，《中华人民共和国合伙企业法》《中华人民共和国个人独资企业法》等法律也规定，原企业的权利与义务由发生分立、合并后的企业享有和承担。以这些法律为依据，用人单位分立、合并时，应当依照规定，就原单位职工工伤保险的承担问题达成协议，承担或分别承担原单位的工伤保险责任，而不能将工伤职工一味地推向社会，影响社会稳定。原用人单位已参加工伤保险的，承继单位应当到当地社会保险经办机构办理名称、住所或地址等变更登记，继续为职工缴纳工伤保险费，办理工伤认定，支付有关工伤保险待遇等；原用人单位未参加工伤保险，且原单位职工又发生工伤的，由承继单位按照《工伤保险条例》规定的工伤保险待遇项目和标准支付费用。

企业因不能清偿到期债务而被依法宣告破产的，以及因营业期限届满等原因解散的，应当依法进行财产清算。我国法律规定，清算财产能够清偿企业债务的，按法定程序分别支付清算费用、职工工资和劳动保险费用，缴纳所欠税款，清偿公司债务。可见，法律对破产、解散企业职工的社会保险权益是给予优先保障的，《工伤保险条例》的规定与法律的规定是一致的。

对于已参加工伤保险的破产、解散企业，按照规定应当由其向本企业工伤职工及工亡职工供养亲属支付的各项工伤保险待遇及按期应缴纳的工伤保险费等费用，列入第一顺序清偿；对于未参加工伤保险的破产、解散企业，《工伤保险条例》规定的其他各项工伤保险待遇费用，应当由企业负担，并按照第一顺序优先清偿。

扫码观看动漫视频

特殊情况下用人
单位的责任

第四十四条 职工被派遣出境工作，依据前往国家或者地区的法律应当参加当地工伤保险的，参加当地工伤保险，其国内工伤保险关系中止；不能参加当地工伤保险的，其国内工伤保险关系不中止。

要点释义

国际上，工伤保险没有互免协议。一些国家法律规定，前往该国工作期间，必须依据该国的法律参加工伤保险。国内的工伤保险与国外的工伤保险在保障的性质和作用方面大体相同，但在保险的项目、标准和支付方式上存在差异。从保障与管理的角度出发，《工伤保险条例》规定，职工被派遣出境工作，依据前往国家或者地区的法律应当参加当地工伤保险的，参加当地工伤保险，其国内工伤保险关系中止，待回国后工伤保险关系接续；对于在国外不能参加工伤保险的，其国内工伤保险关系不中止，继续按照国内相关规定执行，包括工伤保险费的缴纳、工伤认定、劳动能力鉴定、待遇的给付等。

扫码观看动漫视频

派遣出境期间的
工伤保险关系

第四十五条 职工再次发生工伤，根据规定应当享受伤残津贴的，按照新认定的伤残等级享受伤残津贴待遇。

要点释义

工伤职工再次发生工伤，与工伤职工工伤复发不同，它是指工伤职工遭受两次或两次以上的事故伤害或患职业病，前次工伤事故造成的伤情经治疗并经劳动能力鉴定确定伤残等级后，再次遭受工伤事故或患职业病，后者加剧了工伤职工的伤情。

这类人群在治疗后，需经劳动能力鉴定委员会按照国家标准《劳动能力鉴定 职工工伤与职业病致残等级》重新评定伤残等级，按照新认定的伤残等级享受相应的伤残津贴待遇。

扫码观看动漫视频

职工再次发生工伤的待遇

第六章 监督管理

第四十六条 经办机构具体承办工伤保险事务，履行下列职责：

（一）根据省、自治区、直辖市人民政府规定，征收工伤保险费；

（二）核查用人单位的工资总额和职工人数，办理工伤保险登记，并负责保存用人单位缴费和职工享受工伤保险待遇情况的记录；

（三）进行工伤保险的调查、统计；

（四）按照规定管理工伤保险基金的支出；

（五）按照规定核定工伤保险待遇；

（六）为工伤职工或者其近亲属免费提供咨询服务。

要点释义

工伤保险工作内容非常广泛，既有行政性工作（如法律、法规、规章和政策的制定与实施），也有事务性工作（如工伤保险费征缴、待遇发放、信息统计等）。按照政事分离原则，行政性工作由社会保险行政部门主管，事务性工作由社会保险经办机构承办。这有利于减轻社会保险行政部门的事务负担，使之能集中力量从事工伤保险行政管理工作，同时也有利于加强对工伤保险基金管理使用情况的监督检查，保障基金的安全。

经办机构是指各级社会保险行政部门依照规定

设立的社会保险经办机构，包括人力资源和社会保障部设立的社会保险事业管理中心、地方各级社会保险行政部门设立的社会保险事业管理中心。依据人力资源和社会保障部的“三定”规定，人力资源和社会保障部设立属于事业单位性质的社会保险事业管理中心，承办有关社会保险事务性工作。县级以上地方各级人民政府社会保险行政部门根据工作需要，设立负责社会保险经办工作的机构，承办本区域内的工伤保险事务工作。《中华人民共和国社会保险法》第七十二条规定，统筹地区设立社会保险经办机构。社会保险经办机构根据工作需要，经所在地社会保险行政部门和机构编制管理机关批

准，可以在本统筹地区设立分支机构和服务网点。社会保险经办机构的人员经费和经办社会保险发生的基本运行费用、管理费用，由同级财政按照国家规定予以保障。

扫码观看动漫视频

经办机构的职责范围

第四十七条 经办机构与医疗机构、辅助器具配置机构在平等协商的基础上签订服务协议，并公布签订服务协议的医疗机构、辅助器具配置机构的名单。具体办法由国务院社会保险行政部门分别会同国务院卫生行政部门、民政部门等部门制定。

要点释义

服务协议是指社会保险经办机构与医疗机构、辅助器具配置机构就有关工伤患者就诊、用药、康复、辅助器具管理、费用给付、争议处理办法等事项，经过平等协商所达成的权利义务协议。由社会保险经办机构与医疗机构、辅助器具配置机构签订服务协议，是为了加强工伤保险管理、加大工伤医疗（康复、辅助器具配置）费用控制力度、提高医疗服务质量而确定的新制度。

签订服务协议有利于实现社会保险经办机构与医疗机构、辅助器具配置机构之间的权利义务确定化和明晰化，使伤者就医（包括康复、配置辅助器具）、协议机构服务供给、经办机构付账的整个工伤医疗过程具体化，有利于实现医、保、患三方相互监督。

扫码观看动漫视频

签订服务协议

第四十八条 经办机构按照协议和国家有关目录、标准对工伤职工医疗费用、康复费用、辅助器具费用的使用情况进行核查，并按时足额结算费用。

要点释义

各统筹地区社会保险经办机构必须加强工伤保险费用核查工作，以有效地控制医疗费用、康复费用、辅助器具配置费用，保障工伤保险基金收支平衡，规范医疗、康复、辅助器具配置等服务行为，保障工伤职工切实获得医疗救治和经济补偿，提高工伤保险的社会化管理服务水平。

社会保险经办机构核查的主要内容：已发生的工伤职工医疗费用、康复费用、辅助器具配置费用是否符合服务协议和工伤保险诊疗项目目录、工伤保险药品目录、工伤保险住院服务标准等规定。

核查的方式是检查医疗机构的诊疗处方、入出院标准、住院病历和特殊检查治疗等项目，以及辅助器具配置机构提供的辅助器具配置服务，对于不符合《工伤保险条例》规定的费用不予支付，对于符合规定的费用则要按时足额拨付。

扫码观看动漫视频

工伤保险费用的
核查和结算

第四十九条 经办机构应当定期公布工伤保险基金的收支情况，及时向社会保险行政部门提出调整费率的建议。

要点释义

经办机构应当定期公布工伤保险基金的收支情况，是指经办机构在承办工伤保险事务的过程中，将基金征缴数额、支出数额、收支结余、收支规定执行情况定期向社会公布。公布时间可选择在基金预算年度终了前后，公布次数可每年一次或多次，公布形式可以是张贴公告，也可以通过电视、报刊、广播、网络等公众媒体公布。经办机构定期公布工伤保险基金收支情况的意义在于：

（1）便于接受社会监督。工伤保险基金收支情况如何，关系每个参保单位和职工的切身利益。社会保险经办机构公开工伤保险基金收支情况，可以为参保单位和职工以及社会各方面对工伤保险基金收支情况进行监督提供便利。

（2）有利于保障基金安全。社会保险经办机构通过公布工伤保险基金收支过程中的问题，如偷逃、拒缴工伤保险费，骗取工伤保险待遇和有关支出的违法行为，可以督促有关责任人改正违法行为，切实遵守工伤保险法律法规，维护广大参保单位和职工的权益。

（3）有利于科学决策。经办机构公布工伤保险基金收支情况，有利于在较大的社会范围内证实这些信息的准确性和真实性，从而有利于社会保险行政部门、财政部门等决策部门掌握准确的信息，作出科学的决策。

及时向社会保险行政部门提出调整费率的建议，是指经办机构应当将统筹地区工伤保险基金收支情况、工伤发生率等情况如实向社会保险行政部门反映，并在分析总结的基础上，及时提出调整工伤保险费率的建议。

我国工伤保险费率实行行业差别费率和用人单位浮动费率，单位缴费费率的确定与行业的工伤风险程度、本单位的工伤发生率挂钩，并随这些因素的变化而变化。国务院社会保险行政部门在了解全国统筹地区工伤保险基金收支情况的基础上，制定调整行业差别费率和行业内浮动费率档次的方案，报国务院批准后公布施行。社会保险经办机构具体负责工伤保险基金收支业务，掌握用人单位工伤发生率、工伤保险基金使用情况等具体资料，由其及时向社会保险行政部门提出调整费率的建议，是必要的、合适的。

扫码观看动漫视频

工伤保险基金的
信息公开

第五十条 社会保险行政部门、经办机构应当定期听取工伤职工、医疗机构、辅助器具配置机构以及社会各界对改进工伤保险工作的意见。

要点释义

这一规定旨在发挥工伤职工、医疗机构、辅助器具配置机构以及社会各界对工伤保险工作的参与、监督和促进作用，提高工伤保险管理和工伤保险经办过程中的社会参与度和透明度，提高社会保险行政部门和经办机构工作的科学性，克服主观随意性，促使社会保险行政部门、经办机构及时掌握有关工伤保险情况，了解工伤保险工作服务对象对服务的满意程度和改进服务的意见，以进一步提高服务质量和服务效率。社会保险行政部门、经办机构要根据这一规定，主动听取社会各界对改进工伤保险工作的意见，接受社会监督。

这一规定中的“定期”，可以是一周一次、一月一次，也可以是一季度一次，并没有具体的时间要求，需要根据各地实际情况确定。对于社会各界的意见，社会保险行政部门、经办机构要认真听取，及时改进并反馈。

扫码观看动漫视频

听取社会意见

第五十一条 社会保险行政部门依法对工伤保险费的征缴和工伤保险基金的支付情况进行监督检查。

财政部门和审计机关依法对工伤保险基金的收支、管理情况进行监督。

要点释义

行政监督是指有关国家行政机关依法进行的监督。为保障工伤保险基金的安全、合理和有效使用，社会保险行政部门依法对工伤保险费的征缴和工伤保险基金的支付情况进行监督检查。社会保险行政部门在进行监督检查的过程中，必须遵守《中华人民共和国行政处罚法》有关程序的规定和《工伤保险条例》有关行政处罚权限的规定。

财政部门和审计机关依法对工伤保险基金的收支、管理情况进行监督，具体包括以下内容：基金财务制度监督；按照国家会计制度的有关规定，对基金会计制度的执行情况进行监督；按照国家有关法律法规，对违反财政法规的行为予以处罚。

扫码观看动漫视频

行政监督

第五十二条 任何组织和个人对有关工伤保险的违法行为，有权举报。社会保险行政部门对举报应当及时调查，按照规定处理，并为举报人保密。

要点释义

群众监督是我国人民拥有和行使国家权力的重要表现形式，任何组织和个人对有关违反工伤保险制度的行为有权进行检举和控告。群众检举和控告的方式可以多种多样，如职工或其他个人通过口头或书面形式向有关部门检举和控告；报刊、广播、电视等媒体通过舆论提出要求，展开批评等。

社会保险行政部门对检举和控告应当及时调查，对违法行为应予以制止，并责令改正；同时要为举报人保密，采取切实可行的措施，防止举报人在工作、工资和福利待遇及人身安全方面受到侵害；对于打击、伤害举报人的，要依法严肃处理。

扫码观看动漫视频

群众监督

第五十三条 工会组织依法维护工伤职工的合法权益，对用人单位的工伤保险工作实行监督。

要点释义

工会是职工自愿结合的群众组织，代表和维护职工群众的合法权益，对用人单位遵守有关法律法规的情况进行监督。

工会组织对用人单位工伤保险工作实行监督的方式主要如下：

（1）通过平等协商和集体合同制度，维护职工的工伤保险合法权益。

（2）通过职工代表大会，实现对用人单位工伤保险工作的监督。

（3）帮助、指导职工与用人单位签订劳动合同，向职工介绍工伤保险法律法规知识，防止用人单位在劳动合同中设立对职工不公平的条款。

（4）帮助、指导受事故伤害或患职业病的职工办理工伤认定，帮助、指导工伤职工进行劳动能力鉴定、申领工伤保险待遇等有关事项。

（5）督促和监督用人单位执行工伤保险法律法规，特别是按时足额缴纳工伤保险费，执行劳动合同和集体合同中有关工伤保险的条款，保障职工合法权益的真正实现。

（6）用人单位违反工伤保险法律法规，侵犯职工工伤保险权益的，工会有权进行调查，并代表职工与用人单位交涉，要求用人单位采取措施予以纠正。

（7）职工认为用人单位侵犯其工伤保险权益而申请劳动争议仲裁或者向人民法院提起诉讼的，工会应当给予支持和帮助，在程序上和实体上维护职工的合法权益。

（8）用人单位违反工伤保险法律法规，侵犯职工工伤保险合法权益，拒不改正的，工会应当依法及时向社会保险行政部门等政府部门及社会保险经办机构和司法机关反映，提请予以纠正和处理。

扫码观看动漫视频

工会监督

第五十四条 职工与用人单位发生工伤待遇方面的争议，按照处理劳动争议的有关规定处理。

要点释义

职工与用人单位发生工伤待遇方面的争议，主要包括以下情形：①已参加工伤保险的用人单位未按照《工伤保险条例》规定的待遇项目和标准为工伤职工提供相关待遇而产生的争议，包括应当由用人单位支付的医疗、护理、工资福利以及工作安置待遇等；②应当参加工伤保险而未参加的用人单位，未按照《工伤保险条例》规定的待遇项目和标准为工伤职工支付全部费用和提供相关待遇而产生的争议；③工伤职工与用人单位就应该执行《工伤保险条例》规定的哪项待遇和标准因认识不同而产生的争议。就法律性质而言，这类争议属于劳动争议的范畴。

根据《中华人民共和国劳动法》等的规定，职工与用人单位发生工伤待遇方面争议的，可以通过以下 4 种途径解决：

（1）当事人协商。法律法规提倡协商解决争议，但当事人双方自行协商不是处理劳动争议的必经程序。双方当事人可以自愿进行协商，但是任何一方或者他人都不能强迫进行协商。

（2）企业内调解。当事人不愿协商或者协商不成的，可以向本企业的劳动争议调解委员会申请调解。企业劳动争议调解委员会进行的调解是群众性调解，当事人双方经调解达成协议靠当事人的自我约束来履行，不能强制执行。企业劳动争议调解委员会调解解决劳动争议，是一种有效并且有利于改善争议双方当事人关系的方式，但并非解决劳动争议的必经途径，当事人可以不向企业劳动争议调解委员会申请调解，而直接申请劳动争议仲裁。当事人对调解协议反悔的，可以申请劳动争议仲裁。

（3）劳动争议仲裁委员会仲裁。由劳动争议仲裁委员会进行调解和裁决，是具有国家强制力的劳动争议处理方式。当事人可以不经协商或企业内调解，直接向劳动争议仲裁委员会申请仲裁。职工与用人单位发生工伤待遇方面的争议后，当事人应当自争议发生之日起 60 日内向劳动争议仲裁委员会提出书面申请。仲裁裁决一般应在收到仲裁申请的 60 日内作出。当事人对仲裁裁决无异议的，必须履行，一方当事人逾期不履行的，另一方当事人可以申请人民法院强制执行；当事人对仲裁裁决不服的，可以向人民法院提起诉讼。劳动争议仲裁是当事人向人民法院提起诉讼解决劳动争议前的必经程序，即只有经过仲裁，方可向人民法院提起诉讼。

（4）诉讼。当事人对劳动争议仲裁委员会的裁决不服的，自收到裁决书之日起 15 日内可以向人民法院提起诉讼，人民法院应当受理、审理并作出判决或裁定。人民法院的审理包括一审、二审及再审程序，最终的生效判决标志着这一劳动争议案件的完结。

扫码观看动漫视频

工伤待遇争议的处理

第五十五条　有下列情形之一的，有关单位或者个人可以依法申请行政复议，也可以依法向人民法院提起行政诉讼：

（一）申请工伤认定的职工或者其近亲属、该职工所在单位对工伤认定申请不予受理的决定不服的；

（二）申请工伤认定的职工或者其近亲属、该职工所在单位对工伤认定结论不服的；

（三）用人单位对经办机构确定的单位缴费费率不服的；

（四）签订服务协议的医疗机构、辅助器具配置机构认为经办机构未履行有关协议或者规定的；

（五）工伤职工或者其近亲属对经办机构核定的工伤保险待遇有异议的。

要点释义

解决争议的途径

行政复议是指依照《中华人民共和国行政复议法》的规定，公民、法人或者其他组织认为行政机关或法律法规授权的组织实施的具体行政行为侵犯自己的合法权益，向行政复议机关提出申请，由复议机关受理、审查并作出决定的法律制度。行政诉讼是指依照《中华人民共和国行政诉讼法》的规定，公民、法人或者其他组织认为行政机关或法律法规授权的组织实施的具体行政行为侵犯自己的合法权

益，向人民法院起诉，人民法院对被诉行为进行审查并依法裁决的法律制度。

根据《中华人民共和国行政复议法》和《中华人民共和国行政诉讼法》的规定，申请工伤认定并对工伤认定申请不予受理的决定不服或对认定结论不服的职工或者其近亲属、该职工所在单位，对缴费费率不服的用人单位，认为经办机构未履行所签订的服务协议的医疗机构、辅助器具配置机构，对经办机构核定的工伤保险待遇有异议的工伤职工或者其近亲属，都可以作为行政复议的申请人和行政诉讼的原告。作出有关决定或者核定的社会保险行政部门或者社会保险经办机构，则成为行政复议的被申请人和行政诉讼的被告。

根据《中华人民共和国行政复议法》的规定，公民、法人或者其他组织对社会保险行政部门的具体行政行为不服的，可以向本级人民政府或者上一级社会保险行政部门申请行政复议；公民、法人或者其他组织对社会保险经办机构的具体行政行为不服的，可以向主管该经办机构的社会保险行政部门申请行政复议。根据《中华人民共和国行政诉讼法》的规定，行政诉讼案件由最初作出具体行政行为的行政机关所在地人民法院管辖。经复议的案件，也可以由复议机关所在地人民法院管辖。

根据《中华人民共和国行政复议法》的规定，公民、法人或者其他组织认为具体行政行为侵犯其合法权益的，可以自知道或者应当知道该具体行政行为之日起 60 日内提出行政复议申请。因不可抗力或者其他正当理由耽误法定申请期限的，申请期限自障碍消除之日起继续计算。

根据《中华人民共和国行政复议法》《中华人民共和国行政诉讼法》的规定，公民、法人或者其他组织向行政机关申请复议的，复议机关应当在收到申请书之日起2个月内作出决定。申请人不服复议决定的，可以在收到复议决定书之日起15日内向人民法院提起诉讼。

行政复议不是行政诉讼的前置条件

根据《中华人民共和国行政诉讼法》的规定，行政复议申请人可以先向行政机关申请复议，对复议不服的，再提起行政诉讼；也可以直接向人民法院提起行政诉讼。如果法律法规规定，应当先向行政机关申请行政复议，对复议决定不服再向人民法院提起行政诉讼的，应依照法律法规的规定，将行政复议作为行政诉讼的前置条件。

行政决定、复议决定和法院判决、裁定的效力

根据《中华人民共和国行政复议法》和《中华人民共和国行政诉讼法》的规定，在复议期间或者诉讼期间，除特定情形外，不停止原具体行政行为的执行。因此，在行政复议或者诉讼期间，除出现特定情形外，社会保险行政部门或者社会保险经办机构作出的有关决定或者核定应当继续执行。

行政复议申请人对行政复议决定不服的，可以在收到复议决定书之日起15日内向人民法院起诉。逾期不起诉又不履行的，由复议机关或作出具体行

政行为的社会保险行政部门、社会保险经办机构申请由人民法院强制执行。对人民法院发生法律效力的判决、裁定，当事人必须履行。当事人拒绝履行判决、裁定的，社会保险行政部门或者社会保险经办机构可以依法向一审法院申请强制执行。

扫码观看动漫视频

其他工伤保险
争议的处理

第七章 法律责任

第五十六条 单位或者个人违反本条例第十二条规定挪用工伤保险基金，构成犯罪的，依法追究刑事责任；尚不构成犯罪的，依法给予处分或者纪律处分。被挪用的基金由社会保险行政部门追回，并入工伤保险基金；没收的违法所得依法上缴国库。

要点释义

为确保工伤保险基金的安全，严防工伤保险基金流失，《工伤保险条例》第十二条规定，工伤保险基金只能用于工伤保险待遇、劳动能力鉴定以及法律法规规定的用于工伤保险的其他费用支付。因此，任何单位或者个人将工伤保险基金用于上述规定以外的方面，如将工伤保险基金用于投资各种工程项目、投资房地产经营、兴建或者改建办公场所、发放奖金或者挪作其他用途等，都属于挪用工伤保险基金。

单位或者个人挪用工伤保险基金，构成犯罪的，应依法追究刑事责任；尚不构成犯罪的，依法给予行政处分或者纪律处分。其中，构成犯罪的，主要涉及挪用公款罪。

公款包括国家所有、集体所有的钱财以及其他公益事业的社会捐助资金、专项基金等。挪用公款罪是指国家工作人员利用职务上的便利，将公款挪作个人使用，进行非法活动的，或者挪用公款数额较大、进行营利活动的，或者挪用公款数额较大、超过3个月未还的行为。任何单位和个人将工伤保险基金挪作非法用途，构成挪用公款罪的，都要依法追究刑事责任。

扫码观看动漫视频

挪用工伤保险基金的法律责任

第五十七条 社会保险行政部门工作人员有下列情形之一的，依法给予处分；情节严重，构成犯罪的，依法追究刑事责任：

（一）无正当理由不受理工伤认定申请，或者弄虚作假将不符合工伤条件的人员认定为工伤职工的；

（二）未妥善保管申请工伤认定的证据材料，致使有关证据灭失的；

（三）收受当事人财物的。

要点释义

（1）“无正当理由不受理工伤认定申请”，是指有管辖权的社会保险行政部门无法定原因或者其他正当理由而拒不受理工伤认定申请的情形。该行为剥夺了工伤认定申请人的合法权益，因此社会保险行政部门的有关人员应当承担相应的法律责任。

（2）“弄虚作假将不符合工伤条件的人员认定为工伤职工”，是指在工伤认定中，工伤认定工作人员利用职权，通过编造事实、提供虚假材料、作出虚假鉴定结论或者故意违反工伤认定程序等行为，将不属于工伤范围的人员（如工伤认定工作人员的亲友或者有其他利害关系的人员）认定为工伤职工的情形。弄虚作假在主观上是一种滥用职权的故意行为，其行为后果是将不符合工伤条件的人员认定为工伤职工，性质是严重的。因此，《工伤保险条例》规定，社会保险行政部门工作人员有上述行为的，依法给予行政处分；情节严重，构成犯罪的，依法追究刑事责任。

（3）妥善保管申请工伤认定的证据材料，是工伤认定工作人员的职责。《工伤认定办法》第二十四条规定，工伤认定结束后，社会保险行政部门应当将工伤认定的有关资料保存50年。有关人员必须采取防潮、防蛀、防盗、防火等措施妥善保管，保证证据材料的真实性和安全性。不能妥善保管申请工伤认定的证据材料，致使有关证据灭失，是一种严重的失职行为。社会保险行政部门工作人员“未妥善保管申请工伤认定的证据材料，致使有关证据灭失的”，应依法给予行政处分；情节严重，构成犯罪的，依法追究刑事责任。

（4）社会保险行政部门工作人员、经办机构有关责任人员以及从事劳动能力鉴定的组织和个人收受当事人财物尚不构成犯罪的，依法给予行政处分或者纪律处分；构成犯罪的，依法追究刑事责任。其刑事责任可能涉及受贿罪。

根据《中华人民共和国刑法》第三百八十六条的规定，对犯受贿罪的，根据受贿所得数额，按照贪污罪的规定进行处罚。索贿的从重处罚。根据《中华人民共和国刑法》第三百八十三条关于贪污罪规定的处罚标准，个人受贿数额在5 000元以上的，应认定为犯罪；个人受贿数额不满5 000元，情节较重的，也应认定为犯罪。

扫码观看动漫视频

行政人员违法违纪的法律责任

第五十八条 经办机构有下列行为之一的，由社会保险行政部门责令改正，对直接负责的主管人员和其他责任人员依法给予纪律处分；情节严重，构成犯罪的，依法追究刑事责任；造成当事人经济损失的，由经办机构依法承担赔偿责任：

（一）未按规定保存用人单位缴费和职工享受工伤保险待遇情况记录的；

（二）不按规定核定工伤保险待遇的；

（三）收受当事人财物的。

要点释义

职工享受工伤保险待遇记录包括：①职工工伤认定申请表，内容包括申请人姓名、性别、出生年月、参加工作时间，以及用工形式、事故时间、事故类别、伤害部位、伤害经过简述等；②立案调查审批表，包括当事人情况（所在单位和工伤职工的基本情况）、事由及依据、负责人意见等；③工伤认定结论通知书；④职工劳动能力鉴定表；⑤工伤与职业病伤残等级评定结论通知书；⑥职工工伤保险待遇审批表；⑦核准工伤保险待遇告知书。

用人单位有关缴费的文件以及与工伤职工享受工伤保险待遇有关的文件，是经办机构依法确定工伤职工是否享受以及是否依法领取工伤保险待遇的重要依据。因此，《社会保险费征缴暂行条例》规定，社会保险经办机构负责保存缴费记录，并保证其完整、安全。完整即保存的文件资料应当齐全，不能有缺损；安全即保存的文件不得非法转移、复制、出借，并不得遗失、灭失等。

扫码观看动漫视频

经办机构违规的
法律责任

第五十九条 医疗机构、辅助器具配置机构不按服务协议提供服务的，经办机构可以解除服务协议。

经办机构不按时足额结算费用的，由社会保险行政部门责令改正；医疗机构、辅助器具配置机构可以解除服务协议。

要点释义

经办机构与医疗机构、辅助器具配置机构签订服务协议，应当在协议中明确规定双方的权利义务以及违约责任条款。例如，在协议中首先应明确双方的基本权利义务，然后针对服务的具体内容按特定事项分别规定双方的具体权利义务，最后应就双方违反协议各自应承担的责任作出明确规定。服务协议一经签订，协议各方应严格履行。不履行服务协议约定义务或规定的，应当按照协议规定的违约责任条款处理，直至解除服务协议。

《工伤保险条例》规定，医疗机构、辅助器具配置机构不按服务协议提供服务的，经办机构可以解除服务协议；经办机构不按时足额结算费用的，由社会保险行政部门责令改正，医疗机构、辅助器具配置机构可以解除服务协议。对经办机构不履行协议或者规定的，医疗机构、辅助器具配置机构可以申请行政复议，对复议决定不服的，可以依法提起行政诉讼。

扫码观看动漫视频

违反服务协议的法律责任

第六十条 用人单位、工伤职工或者其近亲属骗取工伤保险待遇，医疗机构、辅助器具配置机构骗取工伤保险基金支出的，由社会保险行政部门责令退还，处骗取金额2倍以上5倍以下的罚款；情节严重，构成犯罪的，依法追究刑事责任。

要点释义

工伤保险基金用于对工伤职工的救治、补偿等法定用途，任何人不得侵占和挪用。骗取工伤保险待遇以及骗取工伤保险基金支出，是以不正当手段侵占工伤保险基金的行为，属于主观故意，必须依法严惩。

扫码观看动漫视频

骗取工伤保险待遇的法律责任

第六十一条 从事劳动能力鉴定的组织或者个人有下列情形之一的，由社会保险行政部门责令改正，处2 000元以上1万元以下的罚款；情节严重，构成犯罪的，依法追究刑事责任：

（一）提供虚假鉴定意见的；

（二）提供虚假诊断证明的；

（三）收受当事人财物的。

要点释义

劳动能力鉴定是对工伤职工劳动功能障碍程度和生活自理障碍程度的等级鉴定。职工因工致残被认定为工伤后，须由劳动能力鉴定委员会组织的专家组进行劳动能力鉴定，并取得劳动能力鉴定委员会作出的鉴定结论，才能按照规定领取相应的工伤保险待遇。因此，有关鉴定意见和诊断证明是工伤职工享受工伤保险待遇的证明文件，具有法定效力。保证鉴定意见、诊断证明的真实性，是从事劳动能力鉴定的组织和个人必须遵循的法定原则。

为了维护劳动能力鉴定的公正性，保护用人单位及其职工的权益不受侵犯，防止工伤保险基金通过各种方式流失，从事劳动能力鉴定的组织或者个人提供虚假鉴定意见的、提供虚假诊断证明的、收受当事人财物的，由社会保险行政部门责令改正，并处2 000元以上1万元以下的罚款；情节严重，构成犯罪的，依法追究刑事责任。

扫码观看动漫视频

劳动能力鉴定违规的法律责任

第六十二条 用人单位依照本条例规定应当参加工伤保险而未参加的，由社会保险行政部门责令限期参加，补缴应当缴纳的工伤保险费，并自欠缴之日起，按日加收万分之五的滞纳金；逾期仍不缴纳的，处欠缴数额1倍以上3倍以下的罚款。

依照本条例规定应当参加工伤保险而未参加工伤保险的用人单位职工发生工伤的，由该用人单位按照本条例规定的工伤保险待遇项目和标准支付费用。

用人单位参加工伤保险并补缴应当缴纳的工伤保险费、滞纳金后，由工伤保险基金和用人单位依照本条例的规定支付新发生的费用。

要点释义

这是对《社会保险费征缴暂行条例》的补充规定。用人单位未按规定办理社会保险登记、变更登记或者注销登记，或者未按规定申报应缴纳的社会保险费数额的，《社会保险费征缴暂行条例》规定由社会保险行政部门责令限期改正；情节严重的，对直接负责的主管人员和其他责任人员可以处1 000元以上5 000元以下的罚款；情节特别严重的，对直接负责的主管人员和其他责任人员可以处5 000元以上10 000元以下的罚款。

针对《社会保险费征缴暂行条例》执行过程中的问题，《工伤保险条例》补充规定采取以下3种措施：一是由社会保险行政部门责令限期参加，补缴应当缴纳的工伤保险费。社会保险行政部门会根据用人单位的实际情况确定比较合理的期限，一般情况下为60天。二是依照《中华人民共和国社会保险法》有关滞纳金的规定，明确自欠缴之日起，按日加收万分之五的滞纳金。《中华人民共和国社会保险法》将滞纳金由千分之二修改为万分之五，主要考虑税务部门已将欠税滞纳金标准由千分之二调整为万分之五，并且滞纳金标准过高也不利于政策的执行。三是对一些逾期仍不缴纳的用人单位，处欠缴数额1倍以上3倍以下的罚款。

扫码观看动漫视频

用人单位未参保的
法律责任

第六十三条　用人单位违反本条例第十九条的规定，拒不协助社会保险行政部门对事故进行调查核实的，由社会保险行政部门责令改正，处 2 000 元以上 2 万元以下的罚款。

要点释义

社会保险行政部门受理工伤认定申请后，根据审核需要可以对事故伤害进行调查核实，用人单位、职工、工会组织、医疗机构以及有关部门应当予以协助。

在实践中，一些用人单位不配合社会保险行政部门调查，影响了工伤认定工作的正常开展，不利于维护工伤职工的合法权益。

用人单位拒不协助社会保险行政部门对事故进行调查核实的，由社会保险行政部门责令改正，处 2 000 元以上 2 万元以下的罚款。

扫码观看动漫视频

用人单位不协助调查的法律责任

第八章 附则

第六十四条 本条例所称工资总额，是指用人单位直接支付给本单位全部职工的劳动报酬总额。

本条例所称本人工资，是指工伤职工因工作遭受事故伤害或者患职业病前 12 个月平均月缴费工资。本人工资高于统筹地区职工平均工资 300% 的，按照统筹地区职工平均工资的 300% 计算；本人工资低于统筹地区职工平均工资 60% 的，按照统筹地区职工平均工资的 60% 计算。

要点释义

用人单位的工资总额应当根据其直接支付给本单位全部职工的劳动报酬总额确定。用人单位必须按照本单位全部职工人数，包括已签订劳动合同和虽未签订劳动合同但存在事实劳动关系的各种用工形式及用工期限的劳动者（如一般所称的临时工、季节工等）劳动报酬总额，缴纳工伤保险费。

扫码观看动漫视频

工资总额和本人工资的核算

第六十五条 公务员和参照公务员法管理的事业单位、社会团体的工作人员因工作遭受事故伤害或者患职业病的，由所在单位支付费用。具体办法由国务院社会保险行政部门会同国务院财政部门规定。

要点释义

国家机关不同于企业，在许多方面有其特殊性，例如，国家机关的经费完全由财政拨款，国家机关工作人员发生工伤事故或者患职业病的概率较低。1996年，劳动部发布《企业职工工伤保险试行办法》，参照世界通行做法，不要求国家机关参加工伤保险。《工伤保险条例》则规定公务员和参照公务员法管理的事业单位、社会团体的工作人员因工作遭受事故伤害或者患职业病的，由所在单位支付费用，具体办法由国务院社会保险行政部门会同国务院财政部门规定。2021年，人力资源和社会保障部等五部门联合印发《公务员工伤保险管理办法》，公务员和参照公务员法管理的事业单位工作人员被依法纳入工伤保险制度保障。

第六十六条 无营业执照或者未经依法登记、备案的单位以及被依法吊销营业执照或者撤销登记、备案的单位的职工受到事故伤害或者患职业病的，由该单位向伤残职工或者死亡职工的近亲属给予一次性赔偿，赔偿标准不得低于本条例规定的工伤保险待遇；用人单位不得使用童工，用人单位使用童工造成童工伤残、死亡的，由该单位向童工或者童工的近亲属给予一次性赔偿，赔偿标准不得低于本条例规定的工伤保险待遇。具体办法由国务院社会保险行政部门规定。

前款规定的伤残职工或者死亡职工的近亲属就赔偿数额与单位发生争议的，以及前款规定的童工或者童工的近亲属就赔偿数额与单位发生争议的，按照处理劳动争议的有关规定处理。

要点释义

根据人力资源和社会保障部颁布、2011 年 1 月 1 日起实施的《非法用工单位伤亡人员一次性赔偿办法》，一次性赔偿金按以下标准支付：一级伤残的为赔偿基数的 16 倍，二级伤残的为赔偿基数的 14 倍，三级伤残的为赔偿基数的 12 倍，四级伤残的为赔偿基数的 10 倍，五级伤残的为赔偿基数的 8 倍，六级伤残的为赔偿基数的 6 倍，七级伤残的为赔偿基数的 4 倍，八级伤残的为赔偿基数的 3 倍，九级伤残的为赔偿基数的 2 倍，十级伤残的为赔偿基数的 1 倍。

扫码观看动漫视频

非法经营单位的工伤一次性赔偿

《非法用工单位伤亡人员一次性赔偿办法》中的赔偿基数是指单位所在工伤保险统筹地区上年度职工年平均工资。

受到事故伤害或患职业病造成死亡的，按照上一年度全国城镇居民人均可支配收入的 20 倍支付一次性赔偿金，并按照上一年度全国城镇居民人均可支配收入的 10 倍一次性支付丧葬补助等其他赔偿金。

扫码观看动漫视频

非法用工死亡人员
一次性赔偿

第六十七条　本条例自 2004 年 1 月 1 日起施行。本条例施行前已受到事故伤害或者患职业病的职工尚未完成工伤认定的，按照本条例的规定执行。

工伤保险"码"上通

普法宣传手册

责任编辑：张　博

责任校对：洪　娟

朱　岩

责任设计：崔俊峰

ISBN 978-7-5167-6452-7

定价：12.00元